환율 지식
7일 만에 끝내기

Seven Days Master Series

환율 지식
7일 만에
끝내기

• 박유연 지음 •

살림

프롤로그
경제지표의 종합판, 환율

 2010년 6월 13일, 중국 정부는 고정환율제도를 관리변동환율제도로 바꾸겠다고 발표했다. 소식을 듣는 순간 필자는 교정 원고를 내려놓고 다시 컴퓨터 앞에 앉아야 했다. 책 본문 가운데 고정환율제도를 다시 고쳐 써야 했기 때문이다. 원고 완성 후 3번째 수정 작업이었다.

 책 집필을 의뢰받고 원고를 써 내려간 몇 달간 세계 경제에는 정말 많은 일들이 있었다. 연초 불안 요인으로 지목됐던 그리스 재정위기가 세계 경제를 다시 흔들리게 만들었고 중국은 환율제도를 개혁했다. 국내적으로는 천안함 사태가 발생했다.

 이에 따라 한국 경제도 많은 영향을 받았다. 안정세를

유지할 것으로 보였던 주가가 흔들리고 금리도 불안한 모습을 나타냈다. 이밖에 여러 경제지표가 급등락을 반복하며 한국경제의 불안양상을 그대로 반영했다.

이처럼 변화무쌍한 경제의 움직임을 제대로 파악하기 위해서는 여러 경제지표들을 종합적으로 읽을 수 있어야 한다. 그래야 현상을 이해할 수 있고 미래에 대한 대처도 가능하다. 하지만 이는 무척 번거로운 일이다. 안 그래도 바쁜 세상, 경제지표까지 일일이 확인하기에는 할 일이 너무나도 많다.

단 한 번의 확인으로 경제의 변화 모습을 제대로 포착할 수 없을까? 운 좋게도 우리에게는 환율이란 지표가 있다. 환율은 경제의 움직임을 그대로 담아내는 종합 지표라 할 수 있다. 경제에 조그만 변화가 생겨도 환율은 이를 반영해 즉각 움직인다. 심지어 미래 어떤 일이 일어날지를 예상해 먼저 움직이기도 한다. 그리스 재정위기가 발발하고 천안함 사태가 발생했을 때도 환율은 그 어떤 지표보다 역동적인 움직임을 나타냈다. 특히 소규모 개방경제라는 한국 경제의 숙명을 감안하면 환율의 중요성은 몇 번을 강조해도 지나치지 않는다.

그런데 환율은 가장 많은 오해를 받고 있는 지표이기

도 하다. 모두가 환율을 이야기하고 금과옥조처럼 떠받들지만 충분히 이해하는 사람을 찾기란 쉽지 않다. 개념의 복잡성 때문이다. 하지만 몇 가지 중요한 메커니즘만 이해하면 환율처럼 간편하고 활용하기 쉬운 지표도 없다.

환율을 아는 사람과 모르는 사람의 차이는 크다. 환율의 변화와 이것이 경제에 미치는 영향을 제대로 이해하고 있는 사람은 미래의 변화에 발 빠르게 대처할 수 있다. 반면 환율에 대해 오해를 하고 있는 사람은 경제 변화에 늘 뒤처질 수밖에 없다. 이에 환율을 알고 자기 것으로 만드는 일은 경제인이라면 반드시 해야 하는 필수적인 작업이다.

이 책은 환율과 관련한 가장 기본적인 지식을 담고 있다. 또 가장 최근의 변화도 담고 있다. 이 책에 나오는 내용만 자기 것으로 만들면 신문 지상에 오르내리는 모든 기사를 이해할 수 있고 미래 예측도 가능하다. 물론 이 책이 환율과 관련한 모든 개념을 100% 소화하고 있다고 자신하기는 어렵다. 내용이 워낙 방대할 뿐 아니라 제도가 수시로 변하기 때문이다. 책을 만드는 동안에만 정부의 선물환 규제 발표, 중국의 환율제도 개혁 등 많은 일들이 있었다. 때문에 여러 번의 수정작업을 거쳐야 했다.

하지만 제도는 변해도 근본은 변하지 않는다. 기본 내용만 숙지하면 환율과 관련한 모든 변화를 이해하고 대처할 수 있다. 이 책이 그러한 이해를 넓히는 데 조그만 길잡이가 될 수 있기를 기대한다.

박유연

contents

프롤로그 _ 경제지표의 종합판, 환율   004

step 1. 환율이란 무엇인가
스타벅스지수가 내려간다면?   013
아프리카 수단의 환율은 어떻게 추산할까?   026
환율 따라 춤추는 GDP   036

step 2. 환율은 어떻게 움직이나
환율에 영향을 미치는 요인   051
금리, 물가가 오르면 환율은 오를까, 내릴까?   062
은행이 외화 빚을 못 내면 환율이 오를까?   073

step 3. 환율이 경제에 미치는 영향
환율이 상승하는데 경상수지가 적자를 기록한다?   089
환율 하락은 무조건 경제에 독?   100
환율의 급격한 상승이 경제위기를 부른다?   109
tip. 해외에서 환율 따라 소비하는 법   119

step 4. 환투자의 모든 것

숨통 조일 수 있는 안전장치, 선물환 125

경상수지 흑자가 외채를 부른다? 135

환투기는 반드시 나쁜 것일까? 147

step 5. 환율 안정을 위한 환율 정책

창고가 꽉 찼는데 한국은행이 울상 짓는 이유 161

정부가 6조 원의 손실을 내고도 떳떳했던 이유 171

은행들의 외화난을 해소하라 183

step 6. 외국 환율과 한국 경제

환율이 움직이지 않을 때 197

위안화·엔화의 한국 경제에 대한 영향은 다르다는데? 212

돈 놓고 돈 먹기, 캐리트레이드 222

step 7. 통화 전쟁과 우리의 미래

달러의 미래는? 233

미국이 위완화절상을 부르짖는 이유는 244

아시아 통화통합과 원화의 미래 254

Seven Days Master Series

step 1

환율이란 무엇인가

스타벅스지수가 내려간다면?

최근 몇 년 동안 신문이나 방송 뉴스에서 가장 많이 언급된 경제 용어 중 하나가 '환율'이다. 오르면 오르는 대로 내리면 내리는 대로, 경제에 큰일이 벌어진 것처럼 난리가 난다. 환율이 뭐길래 이처럼 관심을 끄는 것일까.

이를 알기 위해 우선 다음 거래를 생각해 보자.

"한국에서 1개당 1,000원을 받는 볼펜을 미국에 수출하게 됐다. 미국 수입업자는 달러만 지급할 수 있다. 그런데 달러가 필요 없는 볼펜 공장 사장은 원화로 받기 원한다."

과거에는 이 같은 상황을 '금'으로 해결했다. 볼펜 1개 값어치가 있는 금을 수입업자로부터 받아 국내에서 원화로 바꾸는 식이다. 그렇지 않고 서로의 통화만 주고받기를 원하면 거래는 성사되지 못한다. 결국 금이 중요한 거래 수단으로 자리 잡아 왔다.

일반환율 ↓ → 해외 구매력 ↑

그런데 이 같은 거래는 무척 불편하다. 금 유통량에 제한이 있어 거래에 쓰일 만큼의 충분한 양을 구하는 데 한계가 있는데다 주고받는 것도 번거롭기 때문이다. 이러한 불편함을 해소해 주기 위해 고안된 것이 바로 '환율'이다.

전 세계에서 공통적으로 통용되는 금의 가치는 각 나라에서 해당 나라의 통화를 기준으로 산정된다. '금 0.1g=1,000원' '금 0.1g=1달러' 하는 식이다. 이런 상황이라면 가운데 금만 지워 내면 서로 다른 통화끼리 직접 비교가 가능하다. '1,000원=금 0.1g=1달러'라면 1,000원과 1달러가 같은 가치를 지니고 있다고 평가하는 식이다.

이것이 환율이다. 즉, 서로 다른 나라의 통화가치를 직접 비교하는 자체가 환율이다. 다른 말로 표현하면 우리 화폐와 비교한 미국 달러 등 외국통화의 가치다. 달러화 환율이 1,000원이라면 1달러와 1,000원이 같은 가치를 지니고 있다는 뜻이 된다.

환율은 수시로 변한다. 예를 들어 환율이 1,000원에서 900원으로 떨어졌다고 하자. 이는 1,000원을 주고 1달러를 얻을 수 있는 상황에서 900원만 주면 1달러를 얻는 환경으로 변화했다는 뜻이다. 우리 돈을 덜 주고 외국 돈을 구할 수 있게 됐으니 그만큼 원화가치가 올랐다고 볼 수 있다. 외국 돈을 갖고 있는 경우라면 외국 돈을 주고 예전보다 적은 양의 원화만 받을 수 있다. 때문에 환율 하락은 원화가치의 상승을 뜻한다.

반대로 900원이던 환율이 1,000원으로 변하면 1달러를 얻기 위해 900원이 아닌 1,000원을 지불해야 한다. 그만큼 우리 돈을 더 많이 줘야 하니 원화가치가 떨어졌다고 볼 수 있다. 외국 돈을 갖고 있는 경우라면 외국 돈을 주고 보다 많은 원화로 바꿀 수 있다. 즉, 환율 상승은 원화가치의 하락을 뜻한다.

환율과 원화가치의 변화는 혼동하기 쉽다. 환율이 올랐다는 것은 원화가치가 하락했다는 뜻이지만 '올랐다'는 표현 때문에 원화가치가 오른 것처럼 혼동하는 경우가 많다. 이 같은 혼동을 피하기 위해서는 머릿속에 '환율=원화로 표시한 해당 통화의 가격'이란 등식을 인지해 두는 것이 좋다. 예를 들어 '달러화 환율'은 '원화로 표시한 달러의 가격'으로, '엔화 환율'은 '원화로 표시한 엔화의 가격'으로 이해하는 것이다. 달러'화' 환율이 아니라 달러'당' 환율로 표현하는 경우도 있으나 같은 의미다.

이 같은 상황에서 '달러화 환율'이 올랐다면 원화로 표시한 달러의 가격이 오른 것이니, 반대로 달러와 비교한 원화가치가 떨어졌다고 생각하면 된다. 즉, '환율이 올랐다=원화로 표시한 달러가치가 올랐다=달러와 비교한 원화가치가 떨어졌다' 식으로 이해하는 것이다. 환율이 떨어졌다면 반대로 이해하면 된다.

이러한 환율은 구매력을 나타낸다. 예를 들어 달러당 환율이 1,000원에서 500원으로 떨어졌다고 하자. 1달러를 구입하기 위해 1,000원을 지불하던 상황에서 500원만 주는 상황으로 변화한 것이다. 이때 미국산 지우개 가격을 1달러라고 하자. 이를 사기 위해 과거에는 1,000원을 준비해야 했다. 그래야 1,000원을 1달러로 바꿔 지우개를 살 수 있었다. 그런데 환율이 500원으로 떨어지면 1달러를 구하기 위해 500원만 준비하면 된다. 이후 500원을 1달러로 바꿔 미국산 지우개를 살 수 있다. 똑같이 1,000원을 쓴다면 2달러로 바꿔 지우개를 2개 살 수 있다. 결국 환율이 떨어지면 상대국 물건을 보다 싸게 많이 살 수 있다. 이는 곧 구매력이 커졌다는 뜻이 된다.

이처럼 특정 통화에 대한 환율 하락은 해당국과 교역에서 우리의 구매력이 높아졌다는 뜻이다. 이때 구매력은 해외에서 구매력을 의미한다. 반대로 환율 상승은 해외에서 우리의 구매력 감소를 뜻한다. 경제 상황이 나아지면 원화가치가 올라 구매력이 개선된다. 한국이 저개발국에서 선진국으로 진입하면서 보다 적은 부담으로 외국 물건을 살 수 있게 된 것은 모두 구매력 개선 덕분이다.

PPP환율 ↓ → 자국 내 구매력 ↑

이와 관련하여 구매력평가환율(PPP : Purchasing Power Parity)이란 것이 있다. 이는 동일한 물건을 구입하는 데 필요한 통화의 양을 비교하는 방법이다. 대표적인 것이 '빅맥지수' 혹은 '스타벅스지수'다. 맥도날드의 빅맥이나 스타벅스 커피는 전 세계 어느 곳에서나 팔린다. 그리고 여기에는 가격이 붙는다. 이 가격끼리 비교하는 것이 빅맥지수 혹은 스타벅스지수다.

예를 들어 한국 스타벅스에서 팔리는 카페라떼 가격

이 4,000원이고, 미국 스타벅스에서 팔리는 카페라떼 가격이 4달러라면, 4달러와 4,000원으로 각자 나라에서 같은 물건을 살 수 있다고 평가하는 식이다.

이처럼 비교할 수 있는 항목은 빅맥이나 스타벅스 외에도 많다. 비슷한 품질의 비슷한 품목으로 전 세계에서 고루 소비되는 것이라면 모두 평가 대상이 될 수 있다. 이러한 품목의 가격을 조사해 종합 평균한 것을 PPP환율이라고 한다. OECD, UN, 세계은행 등에서 작성 중이다.

여기서 전제해야 할 것은 PPP환율은 자국 내에서의 구매력을, 앞서 소개한 일반환율은 해외에서의 구매력을 의미한다는 것이다.

예를 들어 달러로 나타낸 한국의 PPP환율은 2006년 기준 1달러당 760.67원이다. 이는 1달러로 '미국에서' 살 수 있는 물건의 양과 760.67원으로 '한국에서' 살 수 있는 물건의 양이 같다는 뜻이다. 즉, 각자 나라에서 구매할 수 있는 수준끼리 비교한 것이 PPP환율이다.

반면 2006년 기준 달러화 환율은 955.51원이다. 이는 1달러로 '미국에서' 살 수 있는 물건의 양과 955.51원으로 '미국에서' 살 수 있는 물건의 양이 같다는 뜻이다. 즉, 미국에서 1달러어치 소비를 하기 위해서는 955.51원을 은행에서 1달러로 환전해야 한다. 이는 955.1원의 미국에서 구매력이 1달러에 해당한다는 의미다. 이에 955.51원과 1달러가 같은 가치를 지니고 있다고 평가할 수 있다. 반대로 1달러를 한국으로 갖고 들어오면 955.1원으로 살 수 있는 양과 같은 물건을 살 수 있다.

이를 한마디로 설명하면 일반 달러화 환율이 955.1원이란 것은 미국 혹은 한국 등 같은 시장에서 955.1원과 1달러가 같은 구매력을 지니고 있다는 뜻이고, PPP 달러화 환율이 760.67원이란 것은 760.67원으로 한국에서 물건을 사는 것과 1달러로 미국에서 사는 것의 결과가 같다는 뜻이 된다.

이처럼 일반환율은 같은 장소에서 구매력을 비교하는 것이고, PPP환율은 각자 나라에서 구매력을 비교한 것이다. 진정한 화폐가치는 같은 장소에서 구매력을 비교해야 알 수 있으니 화폐가치를 나타내는 것은 일반환율이다.

이 같은 상황이라면 미국인이건 한국인이건 미국보다 한국에서 쇼핑하는 것이 훨씬 유리하다. 예를 들어 미국인이 1달러를 가져와 한국에서 955.1원을 받은 뒤 쇼핑을 하면 미국에서 1달러로 사는 것보다 더 많은 양의 물건을 살 수 있다. 구체적으로 미국에서보다 1.26배

(955.1/760.67) 많은 물건을 살 수 있다. 미국에서는 1달러로 한국의 760.67원어치 물건밖에 못 사는데, 1달러를 한국으로 가지고 들어오면 955.1원으로 바꿀 수 있어 보다 많은 물건을 살 수 있는 것이다. 다만 한국에서 팔리는 물건을 샀느냐, 미국에서 팔리는 물건을 샀느냐의 차이만 있을 뿐이다.

반대로 한국인이 955.1원을 1달러로 바꿔 미국에서 쇼핑을 하면 한국에서 955.1원을 주고 사는 물건보다 더 적은 양의 물건밖에 사지 못한다. 미국에서 1달러로 살 수 있는 물건을 한국에서는 760.67원만 주면 살 수 있는데 단지 미국에서 구입한다는 이유로 이보다 많은 955.1원을 지불하는 것이다. 만일 한국에서 955.1원을 지불했다면 1달러로 사는 것보다 많은 물건을 살 수 있다.

이 같은 결과가 나오는 이유는 한국 물가가 미국 물가보다 전반적으로 낮기 때문이다. (독자 대부분이 한국의 물가가 높다고 생각하겠지만 주요 선진국과 비교하면 그래도 낮은 편이다.) 955.1원과 1달러는 일반환율로 같은 돈이지만 한국은 물가가 낮아 955.1원으로 한국에서 물건을 사면 미국에서 1달러로 사는 것보다 양이 많다. 미국에서 1달러로 살 수 있는 물건은 한국의 760.67원어치밖에 안 된다. 이 같은 상황이라면 같은 월급을 받는 미국인(예를 들어 1달러)보다 한국인(예를 들어 955.1원)의 삶의 질이 더 나을 것으로 판단할 수 있다.

경제가 성숙하지 않으면 화폐가치가 떨어져 일반환율은 높은 반면 물가가 낮아 PPP환율은 낮고, 그 격차는 후진국으로 갈수록 커진다. 즉, 후진국으로 갈수록 같은 돈으로 더 많은 양의 물건을 살 수 있고 같은 소득을 벌 경우 후진국에 살수록 삶의 질이 높다. 한국에서 연봉 1억 원을 받는 것보다 베트남에서 연봉 1억 원을 받는 것이 더 많은 소비를 할 수 있어 삶의 질이 높은 것이다. 이는 후진국일수록 인건비 등이 저렴해 물건을 보다 싼 값에 만들 수 있고 이에 따라 물건 값이 저렴해지면서 나타나는 결과다.

하지만 후진국 국민이 외국으로 나가면 얘기가 달라진다. 일반환율이 PPP환율보다 매우 높기 때문에 일반환율대로 자국 돈을 외국 화폐로 환전하면 적은 양의 외국 화폐를 받아 외국에서는 적은 소비만 할 수 있다. 반면 선진국은 물가가 높아 앞선 예의 미국인처럼 자국 내에서 소비하는 것보다 이를 외국 돈으로 바꿔 외국에서 소비하는 것이 훨씬 유리하다.

외국인 노동자들이 한국에서 매우 낮은 임금을 받으면서 일을 하는 상황을 여기에 비춰 이해할 수 있다. 한국 돈으로 매우 적은 월급을 받는 것 같지만 후진국의 일반환율은 무척 높아 이 돈을 자기 나라로 가지고 들어가면 매우 많은 자국 화폐로 바꿀 수 있다. 이런 상황에서 PPP환율은 무척 낮기 때문에 이 돈으로 한국에서 살 수 있는 것보다 자국에서 훨씬 많은 물건을 구입함으로써 풍요롭게 살 수 있다. 몇 년씩 꾹 참고 한국에서 힘겨운 노동을 이겨 낼 수 있는 이유는 바로 이 때문이다.

결국 PPP환율이 일반환율보다 낮을수록 해당 국민의 자국 내 삶의 질은 높아진다. 이에 1인당 GDP 등 눈에 보이는 지표에서 선진국과 후진국의 격차는 크게 나타날 수 있으나 후진국의 PPP환율이 일반환율보다 매우 낮다면 삶의 질은 의외로 큰 차이가 나지 않을 수 있다. 소득이 적지만 이 소득으로 보다 많은 물건을 구입하면서 삶의 질이 올라갈 수 있는 것이다.

경제가 성장할수록 PPP환율은 오르고 일반환율은 내려가는 게 일반적이다. 인건비 등이 오르면서 물가가 올라 PPP환율은 올라가는 반면, 경제 성장으로 해당국의 통화가치가 올라가면서 일반환율은 내려가는 것이다. 반대의 움직임이 심화되면 PPP환율이 일반환율을 추월하기도 한다. 이렇게 PPP환율이 오르면 삶의 질은 나빠진다. 같은 월급으로 자국 내에서 예전보다 더 적은 소비를 해야 하기 때문이다. 이럴 때는 자국 돈의 가치가 높으므로 자국 돈을 외국 돈으로 바꿔 외국에서 소비하는 것이 훨씬 유리하다. 즉, PPP환율이 낮고 일반환율이 높으면 해당국의 화폐는 자국 내에서 구매력은 높지만 해외에서 구매력은 떨어지고, 반대로 경제가 성장하면서 PPP환율이 올라가고 일반환율이 낮아지면 해당국의 화폐는 자국 내에서 구매력은 떨어지지만 해외에서 구매력은 올라간다.

예를 들어 한국의 PPP환율이 760.67원에서 900원으로 오르면, 예전에는 미국에서 1달러로 구입할 수 있는 물건을 한국에서 구입하기 위해 760.67원만 주면 됐는데 이제 900원을 줘야 하니 원화의 자국 내 구매력은 떨어진 것이다. 반대로 일반환율이 955.1원에서 900원으로 내려가면 미국에서 1달러어치 소비를 하기 위해 예전에는 955.1원을 준비해야 했지만 이제 900원만 준비하면 되니 원화의 해외 구매력은 올라간 것이다.

주된 소비가 국내에서 이뤄진다는 측면에서 자국에서

구매력이 높은 'PPP환율이 낮고 일반환율이 높은' 상황이 유리하다. 이처럼 PPP환율은 자국 내에서 국민의 삶의 질이 얼마나 높은지 알아보는 데 무척 용이하다.

이 밖에 PPP환율은 특정 물건의 가격에 얼마나 왜곡이 있는지 살펴보는 데도 사용된다. 예를 들어 달러화 환율이 1,000원인데 기름값이 리터당 2,000원이라고 하자. 이때 미국의 기름값은 리터당 2달러다. 그러면 한국과 미국의 기름값이 달러 기준으로 2달러로 같다고 생각할 수 있다. 한국의 기름값이 생각보다 높지 않다고 추정할 수 있는 것이다. 하지만 PPP환율로 계산하면 어떨까?

이때 PPP환율이 500원이라고 하자. 이를 리터당 2,000원의 기름값에 적용하면 한국의 기름값은 4달러에 이른다. 미국 내 가격인 2달러보다 2배나 높은 것이다. 즉, PPP환율이 500원이라면 미국에서 2달러로 평균적으로 살 수 있는 물건의 양과 한국에서 1,000원(2달러× 500원)으로 평균적으로 살 수 있는 물건의 양이 같아야 한다. 하지만 기름에 한해서는 미국에서는 2달러로 1리터의 기름을 살 수 있으나 한국에서는 1,000원으로 0.5리터밖에 살 수 없어 살 수 있는 양이 절반에 불과하다. 즉, 자국 내 자국 화폐의 구매력을 기준으로 한국의 기름 가격이 미국보다 2배 비싸다고 할 수 있는 것이다.

  이처럼 PPP 환율은 특정 물건의 가격이 실질적으로 얼마나 높은지 파악하는 데 유용하게 사용할 수 있다. 하지만 현실에서 화폐끼리 교환할 때는 PPP환율이 아닌 시장환율이 적용되므로 PPP환율은 경제지표를 해석할 때 보조적으로만 사용된다. 사용 범위에 제한이 있는 것이다. 앞으로 별도의 설명이 없으면 모든 환율은 시장환율로 이해하면 된다.

환율 상승 =	달러가치 상승 =	원화가치 하락
환율 하락 =	달러가치 하락 =	원화가치 상승
일반환율 하락 =	원화의 해외 구매력 상승	
PPP환율 하락 =	원화의 국내 구매력 상승	

[그림1-1] **환율 상승과 하락의 의미**

아프리카 수단의 환율은
어떻게 추산할까?

　우리가 특별한 설명 없이 단지 '환율'을 얘기하면 이는 곧 미국 달러화 환율을 뜻한다. 이는 다른 나라도 마찬가지다. 일본이든 유럽이든 중국이든 주로 쓰는 환율은 모두 미국 달러와 비교한 환율이다. 이에 '일본의 환율이 떨어졌다'는 기사가 나오면 '일본 엔화와 비교한 미국 달러화 환율이 떨어졌다'로 이해하면 된다. 이는 엔화와 달러화 가치를 비교했더니 미국 달러화 가치가 떨어지고 일본 엔화가치가 올랐다는 뜻이다.

모든 나라 환율의 기본 비교 대상은 달러화

이처럼 미국 달러와 비교한 환율이 주로 사용되는 것은 달러가 기축통화이기 때문이다. 기축통화란 국제 무역이나 금융거래의 기본이 되는 화폐를 의미한다. 한 통계에 따르면 전 세계 무역의 60% 정도가 달러로 결제된다. 한국은 비중이 더 높아 국제 무역의 80%를 달러로 결제한다.

달러는 국제 신인도가 있어 세계 어느 곳에서나 통용될 수 있다. 달러만 있으면 세계 어디서나 해당국 환율에 따라 현지 통화로 바꿀 수 있다.

반면 다른 통화는 그렇지 않다. 예를 들어 아프리카 수단의 화폐는 수단을 제외한 그 어느 곳에서도 통용하기 어렵다. 수단 화폐를 대만에서 사용하기 위해서는 대만 은행에서 수단 화폐를 대만 달러로 바꿔야 하는데 이는 쉽지 않다. 수단 화폐를 받아 봤자 처치하기 곤란해 바꿔주려 하지 않기 때문이다.

이는 비단 수단 화폐에 그치지 않는다. 미국 달러를 제외한 웬만한 모든 화폐는 외국에서 사용하는 데 어려움이 많다. 원화를 들고 중국 여행을 하기 쉽지 않은 상황에 비춰 이해하면 된다. 결국 웬만한 거래에는 기축통화인 달러가 주로 사용되고 나머지 통화는 자국 내에서 제한적으로 사용된다. 물론 유럽 유로화, 일본 엔화 등은 사용 범위가 좀 더 넓지만 미국 달러화에 비하면 제한적이다.

그런데 여기서 한 가지 의문점이 생긴다. 신문에 나오는 환율 고시표를 보면 미국 달러뿐 아니라 이름 모를 나라와 비교한 환율도 고시되기 때문이다.

환율을 특정 국가 통화와 비교한 원화가치라고 한다면, 이처럼 값을 산정하기 위해서는 거래가 있어야 한다. 예를 들어 특정 국가와 수출입 과정에서 서로의 화폐를 주고받는 거래가 있어야 한다. 그래야 가격이 결정되고 환율을 구할 수 있다. 그런데 앞서 설명했듯 이 같은 거래에는 기축통화인 달러가 사용되고 서로의 화폐를 주고받는 거래는 일어나지 않는다.

그럼에도 세계 각국과 통화가치를 비교할 수 있는 것은 달러라는 매개체 때문이다. 즉, 특정국 통화의 달러 대비 환율과 원화의 달러 대비 환율을 비교한 후 달러를 없애면 해당국 화폐가치와 비교한 환율을 알 수 있다.

예를 들어 1달러당 원화 환율이 1,000원이고 1달러당 위안화 환율이 10위안이라 한다면 1,000원과 10위안이 같은 가치를 갖고 있다고 평가할 수 있다. 이에 따르면 '10위안=1,000원', 즉 1위안은 100원이라는 식으로 위안화 대비 환율을 알 수 있다.

이후 이 환율은 시장에서 가격으로 통용되고 통화를 거래하는 데 사용된다. 100원을 주고 1위안을 사는 식이다. 즉, 일단 1,000원을 주고 1달러를 산 뒤 이를 통해 10위안을 사는 것이 아니라, 은행에서 직접 100원을 주고 1위안을 살 수 있다.

이 같은 방법은 세계 모든 통화에 적용될 수 있다. 즉, 달러와 비교한 환율이 있는 통화라면 그 어떤 통화와도 가치를 비교해 환율을 산정할 수 있다. 이에 따라 한국과 어느 정도 거래를 하고 있는 웬만한 국가의 통화는 모두 시중 은행에서 직접 원화를 주고 살 수 있다.

이런 방식은 비교적 정확하다. 예를 들어 전반적으로 위안화가치가 올랐다고 하자. 위안화 대비 달러화 환율(간단히 표현하면 '위안화 환율')이 10위안에서 9위안으로 떨어지는 식이다. 1달러를 사는 데 10위안 대신 9위안만 주면 되므로 그만큼 위안화가치가 오른 것이다.

이 같은 상황에서 원화가치에는 변화가 없다면 달러당 환율은 1,000원 그대로를 유지하게 된다. 이를 수식으로 나타내면 '1,000원=1달러=10위안'에서 '1,000원=1달러=9위안'으로 바뀌게 된다. 여기서 1달러를 제거하면 '1,000원=10위안'에서 '1,000원=9위안'으로 바뀌게 된다. 이를 풀어 설명하면 예전에는 1,000원을 주면 10위안을 얻을 수 있었는데 이제는 9위안만 받을 수 있는 상황으로 바뀌었음을 의미한다. 그만큼 위안화가치는 오르고 원화가치가 떨어진 것이다. 결국 달러와 비교한 원화가치에는 변화가 없지만 달러와 비교한 위안화가치가 오르면서 원화와 비교해도 위안화가치가 오르게 된다. 달러와 비교한 위안화가치 상승이 달러를 통해 원화와 비교한 위안화가치 상승으로도 이어지는 것이다. 이처럼 달러를 통해 제3국 통화와 원화를 비교하는 방법은 특정국 화폐의 가치 상승이 원화와 비교해도 달러를 거쳐 그대로 반영된다는 측면에서 합리적인 방법이라 할 수 있다.

하지만 여기에 문제가 전혀 없는 것은 아니다. 예를 들어 갑자기 국내에 위안화 공급이 늘었다고 하자. 중국 금리가 크게 떨어지면서 위안화 대출 부담이 줄었기 때문이다. 이 같은 상황에서 위안화 대출을 받으면 환전 비용을 고려하더라도 매우 낮은 이자만 지급하면 돼 국내 은행에서 대출을 받는 것보다 나을 수 있다. 이에 따라 위안화 대출을 받으려는 사람이 늘면서 국내에 위안화 공급이 늘었다. 이런 상황이라면 원화와 비교한 위안화가치의 하락으로 이어지는 것이 맞다. 공급이 증가하니 가격이 떨어지는 것이다. 즉, 원화와 비교한 위안화 환율이 떨어져야 한다. 그런데 이는 잘 반영되지 못한다.

한중 양국에서 달러 수급에는 큰 변화 없이 단지 국내에 위안화 공급이 늘었을 뿐이라면, 달러 대비 위안화 환율이나 달러 대비 원화 환율은 그대로고 여기서 달러를 지워 낸 위안화 대비 원화 환율도 변화가 없을 가능성이 크다. 국내에 위안화 공급이 크게 늘었는데도 위안화 대비 원화 환율이 떨어지지 않고 그대로를 유지하는 것이다. (이에 따른 영향에 대해서는 6장 참조)

물론 국내에 위안화 공급이 늘면서 원화 대비 위안화 환율이 떨어질 수 있겠지만 그 영향은 간접적이고 복잡해 완전히 반영되지 못한다. 이처럼 달러를 매개체로 제3국 통화의 환율을 구하는 방법은 해당 통화와의 거래 양상이 환율에 제대로 반영되지 않는다는 측면에서 완전한 방법이 아니다. 때문에 위안화, 엔화, 유로화 등 주요 통화를 거래할 수 있는 시장을 형성해야 한다는 지적이 많다. 위안화 등 주요 통화와 원화 간 거래 시장을 만들고 여기에서 형성되는 가격을 직접 해당 통화의 환율로 사용하자는 것이다. 이렇게 하면 주요 통화의 수급 상황을 환율에 반영할 수 있다.

하지만 거래량이 충분치 않아 어려움이 많다. 시장이 개설돼 돌아가기 위해서는 충분한 거래가 일어나야 한다. 그러나 한국은 국제 무역의 80%를 달러로 결제할 만큼 달러에 의존적이라, 나머지 통화는 가격이 형성될 정도의 거래를 형성시키기 어렵다. 심지어 중국 업체와 거래를 할 때도 위안화 대신 달러를 주고받고 있는 상황이다. 이에 따라 원활한 위안화 수급이 어렵고 원화와 위안화 간 충분한 거래가 어렵다. 거래량과 시장 형성 문제는 학자들 사이에서도 논란거리로 남아 있어 추가 연구가 필요한 부분이다.

내재통화가치 알려 주는 실질실효환율

한편 여러 통화와 비교한 환율을 평균해 별도의 환율을 구할 수도 있다. 이를 '실질실효환율'이라 한다. 외환시장 전문가들은 원화 대비 달러화 환율의 적정 수준이 얼마나 되는지를 추산하기 위해 실질실효환율을 살펴본다.

실질실효환율이란 우리나라가 교역을 하는 모든 상대국들과 비교해 환율이 평균적으로 얼마나 되는지를 평가하는 지표다.

영국 파운드와 비교한 원화가치, 일본 엔화와 비교한 원화가치, 중국 위안화와 비교한 원화가치, 미국 달러화와 비교한 원화가치를 모두 종합하는 것이다. 이때 각국 통화와 비교 가치를 얼마나 개입시키는가는 교역량에 따라 결정된다. 중국과는 많은 무역을 하고 있으니 위안화와 비교한 가치는 좀 더 반영하고, 알제리와는 교역량이 미미하니 알제리 통화와 비교한 가치는 아주 조금 반영하는 식이다. 이 같은 방식을 가중평균이라 한다.

이러한 방식으로 실질실효환율을 구해 보는 것은 원화 대비 달러화 환율은 미국 달러에 대해서만 가치를 추산하고 있어 왜곡될 수 있기 때문이다. 예를 들어 갑자기 국내에 달러화 공급이 크게 증가한 상황에서 달러와 원화가치만 비교하면 달러가치는 크게 떨어지는 대신 원화가치는 크게 올라 원화 대비 달러화 환율이 큰 폭으로 떨어질 수 있다. 달러당 1,300원에서 달러당 1,000원으로 크게 떨어지는 식이다. 이렇게 되면 원화가 지나치게 고평가될 수 있다. 따라서 모든 교역 상대국과 비교한 원화가치를 반영한 환율을 별도로 추산해 봄으로써 적정 가치를 알아볼 수 있다.

실질실효환율은 무역 흑자가 늘고 경제가 성장할수록 떨어지는 경향이 있다. 외국 통화와 비교해 한국 통화의 위상이 올라가기 때문이다. 이에 따르면 전체적인 조정 메커니즘은 달러화 환율만 고려할 때와 같다. 하지만 달러화 환율은 달러에 대한 투기적 수요 혹은 투매가 발생할 때마다 가치가 급등락하면서 원화가치를 왜곡시킬 수 있다. 그러나 실질실효환율을 통해 달러뿐 아니라 다른 통화와 비교한 환율까지 함께 고려하면 일부 통화에 의한 충격이 고루 퍼지면서 원화가치를 보다 정확하게 나타낼 수 있다.

실질실효환율은 확인이 용이하도록 달러와 비교해 표현한다. 여러 통화와 비교한 환율의 가중평균값을 특정한 계산 과정을 거쳐 달러를 통해 나타낸다. 한국의 실질실효환율은 달러당 1,000원으로 추산된다. 즉, 적정 환율 수준이 달러당 1,000원이란 의미다. 1,100원대인 현재 환율과 비교하면 100원 정도 낮다. 이는 현재 환율이 적정 수준보다 높으며, 원화가치가 적정 수준보다 저평가되고 있다는 의미다. 즉, 1,000원을 주면 1달러를 구하는

게 적정 수준인데 1,100원을 줘야 1달러를 구할 수 있어 원화가 저평가되고 있다고 할 수 있다. 결국 환율은 실질실효환율 흐름을 따르게 돼 있다. 따라서 앞으로 달러화 환율이 하락세를 나타낼 것이라 예상해 볼 수 있다.

[그림1-2] **원화 대비 달러화 환율과 함께 움직이는 엔화 환율 추이**
　＊자료 : 한국은행

환율 따라 춤추는 GDP

　환율은 여러 경제지표에 영향을 미친다. 그중 대표적인 것이 국가 경제 규모다. 국가 경제 규모는 보통 국내총생산(GDP)으로 추산한다. GDP는 경제주체들이 각종 경제활동을 한 결과를 수치로 환산해 합산한 것이다. 구체적으로 경제주체들이 생산한 재화와 서비스에 가격을 곱해 계산된다. 예를 들어 한 국가가 전체적으로 TV 10대, 자동차 10대를 만든다면 여기에 TV와 자동차 가격을 각각 곱한 것이 이 나라의 GDP다. GDP에는 제품뿐 아니라 미용 등 각종 서비스 활동에 가격을 곱한 것도 포함된다. GDP가 클수록 해당 경제는 활발한 것으로 평가받는다. 따라서 GDP는 국가 경제 수준을 나타내는 중요한 지표로 통한다. 그런데 환율이 국민들이 노력한 대가인 GDP를 순식간에 깎아 버리기도 한다. 어떻게 이 같은 일이 가능할까?

원화 기준 GDP는 느는데 달러 기준 GDP는 감소

한국의 GDP는 원화 기준으로 2009년 1,063조 원을 기록했다. 2008년 1,026조 5,000억 원보다 37조 원 가량 증가한 수치다. 10년 전인 1999년의 529조 5,000억 원과 비교하면 2배 가까이로 늘어났다. 원화 기준 GDP는 외환위기 여파로 1998년 역성장한 이후 11년째 마이너스 증가율을 기록한 적이 없다. 그만큼 경제가 지속적으로 성장하고 있는 것이다.

그런데 달러를 기준으로 하면 얘기가 달라진다. 2009년 달러로 환산한 GDP는 8,329억 달러로 2008년 9,309억 달러보다 크게 감소했다. 이는 비단 2009년만의 일이 아니다. 2008년 9,309억 달러라는 수치 역시 2007년 1조 493억 달러에 비해 크게 줄어든 수치다. 이에 따라 한국의 달러 기준 GDP는 2001년 5,046억 달러에서 2007년 1조 493억 달러로 크게 급증하며 1조 달러를 돌파한 이후 2년째 역성장하며 다시 1조 달러 밑으로 가라앉았다. 이에 따라 1인당 GDP 역시 2007년 2만 달러 위로 올라섰다가 현재는 1만 7,000달러 수준에 머물고 있다.

이는 환율 때문이다. 달러 기준 GDP는 원화 기준 GDP를 연평균 환율로 나눠 계산된다. 그런데 연평균 환율을 보면 2007년 929.20원에서 2008년 1,102.59원으로 크게 올랐다. 2009년에는 더 올라 1276.40원에 달했다. 이에 따라 원화 기준 GDP가 증가했으면서도 환율로 나눈 달러 기준 GDP는 축소되는 일이 벌어졌다. 그나마 위안거리는 2009년에도 2008년 기록한 세계 순위 15위를 유지했다는 점이다. 다른 나라들이 금융위기 여파로 큰 폭의 마이너스 성장을 한 결과였다.

여기에 또 재미있는 현상이 있다. 달러 기준 GDP는 감소했지만, 달러 기준 경제성장률(GDP 증가율)은 플러스를 기록하고 있다는 것이다. 2009년 경제성장률은 0.2%를 기록했다. 달러 기준 GDP가 감소했는데 성장률은 플러스를 기록하는 아이러니는 어떻게 발생했을까?

이 같은 차이는 명목이냐 실질이냐에서 비롯된다. 명목GDP는 한마디로 당해 연도 가격을 기준으로 추산한 생산물 가치의 합이다. 달러를 기준으로 하느냐, 원화를 기준으로 하느냐에 따라 달러 기준 명목GDP와 원화 기준 명목GDP 등 2종류로 다시 나뉜다. 앞서 수치를 들어 예시한 GDP는 모두 명목GDP들이다. 즉 2008년(9,309억 달러, 1,026조 5,000억 원)과 2009년(8,329억 달러, 1,063조 원) 모두 해당 연도에 생산한 재화와 서비스에 해당 연도의 가격을 곱해 계산한 명목GDP다.

반면 실질GDP는 기준연도 가격을 이용해 추산한 생산물 가치의 합이다. 이 역시 달러를 기준으로 하느냐, 원화를 기준으로 하느냐에 따라 달러 기준 실질GDP와 원화 기준 실질GDP 등 두 종류로 나뉜다. 현재 실질GDP는 2005년 가격을 기준으로 계산되고 있다. 즉, 2008년이건 2009년이건 해당 연도의 실질GDP는 해당 연도에 생산한 재화와 서비스에 2005년의 가격을 곱해 계산된다는 것이다.

이처럼 실질GDP를 따로 구하는 것은 진정한 의미의 경제성장률을 구하기 위해서다. 예를 들어 2009년과 2010년에 반도체를 각각 10개 만들었다면 경제에는 나아진 것이 없다. 그런데 2010년 반도체 가격이 2009년보다 10% 올랐다면 반도체 생산 총액이 10% 늘면서 1년 사이 경제가 10% 성장한 것처럼 착시 효과가 나타날 수 있다. 때문에 기준연도 가격으로 실질GDP를 구함으로써 착시 효과를 없애야 경제가 진정으로 얼마나 성장했는지 알 수 있다.

물론 명목GDP끼리 비교해 명목성장률을 구할 수도 있다. 하지만 물가 상승 효과가 개입되면 명목GDP 성장률은 부풀려 계산된다. 반대로 물가가 하락하면 과소평가되는 부작용이 발생한다. 때문에 명목GDP 성장률은 잘 쓰이지 않고, 별도의 첨언이 없으면 실질GDP 성장률이 사용된다. 언론에 보도되는 경제성장률 역시 모두 실질GDP 성장률이다.

이해를 돕기 위해 실례를 들어 보자. 가정은 다음과 같다.

삼성전자가 생산하는 반도체가 한국 경제의 유일한 생산물이다. 이에 한국 경제 GDP는 반도체 수량에 가격을 곱해 계산된다. 기준연도인 2005년의 반도체 가격은 1만 원이다. 2008년까지 반도체 가격은 그대로 유지됐다. 그런데 2009년 반도체 가격이 1만 2,000원으로 올랐다. 환율은 2005년부터 2008년까지 달러당 1,000원으로 유지되다가 2009년 2,000원으로 크게 올랐다. 삼성전자 반도체 생산량은 2008년 10개에서 2009년 15개로 늘었다.

(1) 이 같은 가정을 근거로 원화 기준 명목GDP부터 구해 보자. 2009년 명목GDP는 15×1.2만 원=18만 원이고, 2008년 명목GDP는 10×1만 원=10만 원이다. 명목GDP가 1년 사이 8만 원 늘었다.

(2) 이제 원화 기준 실질GDP를 구해 보자. 2009년 실질GDP는 15×1만 원(기준연도 가격)=15만 원이고, 2008년 실질GDP는 10×1만 원(기준연도 가격)=10만 원이다. 실질GDP는 1년 사이 5만 원 늘었다.

(3) 다음으로 달러 기준 명목GDP를 구해 보자. 2009년 달러 기준 명목GDP는 원화 기준 명목GDP 18만 원을 2009년 환율 2,000원으로 나눈 90달러다. 반면 2008년 달러 기준 명목GDP는 원화 기준 명목GDP 10만 원을 2008년 환율 1,000원으로 나눈 100달러다.

(4) 다음으로 달러 기준 실질GDP를 구해 보면 2009년 실질GDP는 원화 기준 실질GDP 15만 원을 1,000원(기준연도인 2005년 환율)으로 나눈 150달러다. 반면 2008년 실질GDP는 원화 기준 실질GDP 10만 원을 1,000원(기준연도인 2005년 환율)으로 나눈 100달러다.

(여기서는 반도체 생산량에 원화 가격을 곱한 뒤 환율로 나눠 주는 방식으로 계산했지만, 반도체 생산량에 달러 가격을 곱해 계산하는 것도 가능하다. 당연히 값은 일치한다. 이 같은 방식이 더 많이 활용되지만 이 예에서는 이해하기 쉽도록 원화 가격을 곱한 뒤 환율로 나눠 주는 방식을 사용했다.)

이 같은 계산 결과를 성장률로 비교해 보자. (1)에서 성장률은 80%다. 10만 원에서 18만 원으로 증가한 결과다. (2)에서 성장률은 50%다. 10만 원에서 15만 원으로 증가한 결과다. (3)에서 성장률은 -10%다. 100달러에서 90달러로 감소한 결과다. (4)에서 성장률은 50%다. 100달러에서 150달러로 증가한 결과다.

결과를 보면 (2)와 (4)의 결과가 같다. 즉, 달러를 기준으로 하건 원화를 기준으로 하건 실질GDP로 계산한 경제성장률의 수치는 같다. 이는 기준연도 가격을 적용함으로써 순수하게 몇 개를 더 생산하게 됐는지만을 관찰하기 때문이다. 때문에 진정한 의미의 성장률이라 할 수 있다.

반면 (1)에서 계산된 성장률은 (2)와 (4)보다 훨씬 높다. 이는 물가 상승 때문이다. 물가가 상승하는 상황에서는 명목GDP가 실질GDP보다 크고 성장률도 명목GDP 성장률이 실질GDP 성장률보다 높다. 이는 물가가 오르면서 같은 양을 생산해도 생산물 가치의 합이 늘기 때문이다. 이처럼 물가 상승이 성장률을 왜곡할 수 있기 때문에 명목GDP 성장률은 잘 쓰이지 않는다. [물론 물가가 하락하는 상황에서는 명목GDP가 실질GDP보다 낮아진다. 다만 물가가 하락하는 경우가 거의 없어 이런 일은 잘 일어나지 않는다. 하지만 국가의 주요 생산품목(한국의 경우 휴대폰, 자동차 등) 가격이 하락하는 추세라면 명목GDP가 실질GDP보다 낮아지는 것도 가능하다.]

(3)에서는 유일하게 마이너스 성장률이 기록됐다. 이는 환율 때문이다. 2009년 환율이 크게 오르면서 원화 기준 명목GDP를 환율로 나눠 준 달러 기준 명목GDP가 크게 감소하고 말았다. 결국 달러를 기준으로 하건 원화를 기준으로 하건 실질경제성장률이 플러스를 기록하고 원화 기준 명목GDP가 증가함에도, 환율 급등이라는 상황이 개입되면서 달러 기준 명목GDP는 얼마든지 감소할 수 있다. 때문에 이 같은 수치는 사용에 극히 주의해야 한다.

2010년엔 반전 기대

앞에서 예로 든 경우는 2009년의 상황이다. 원화 및 달러 기준 실질 경제성장률(0.2%)과 원화 기준 명목경제성장률(2%대 중반)이 모두 플러스를 기록하며 원화 기준 명목GDP, 원화 기준 실질GDP, 달러 기준 실질GDP 모두 증가했지만 환율이 급등하면서 달러 기준 명목GDP만 감소세를 기록했다.

다만 2010년에는 상황이 달라질 전망이다. 원화 기준 명목성장률이 6.6% 내외로 예상되는 상황에서 환율 하락 추세가 이어지고 있기 때문이다. 원 달러 환율이 1,150원을 기록할 경우 달러 표시 GDP는 9,700억 달러 내외가 되고, 환율이 1,100원까지 내려가면 1조 100억~1조 200억 달러에 이를 전망이다. 이에 따라 달러 기준 명목GDP를 인구수로 나눠 국가별 서열을 매겨 보는 1인당 GDP가 다시 2만 달러를 기록할 것이란 전망이 나오고 있다. 원화를 기준으로 하면 1,100조 원대를 돌파할 것이란 게 대다수 경제전문가들의 전망이다.

이처럼 달러 기준 명목GDP는 환율에 따라 얼마든지 춤을 출 수 있어 사용에 주의해야 한다. 특히 한국처럼 환율이 시기별로 크게 움직이는 나라는 환율이 급등할 때 경제 체력이 지나치게 과소평가될 수 있어 영향을 잘 살펴야 한다.

한편 1장에서 소개한 PPP환율을 이용해 GDP를 다시 평가할 수 있다. OECD(경제협력개발기구) 발표에 따르면 PPP환율로 평가한 한국인의 1인당 GDP는 OECD 내 23위로 나타났다.

구체적인 수치에서 PPP로 환산한 1인당 GDP(국내총생산)는 OECD 평균의 73%로 나타났다. OECD 회원국의 국민들이 자국에서 평균 100의 구매력을 갖고 있다면 한국인은 자국에서 73의 구매력을 갖고 있다는 뜻이다. 다시 말해 OECD 회원국 국민들이 한 달에 100의 물건을 구매할 능력을 갖고 있다면 한국인들은 73의 물건을 구매할 능력을 갖고 있다는 의미다.

반면 PPP가 아닌 일반환율로 환산한 한국인의 1인당 GDP는 OECD 평균의 60% 수준이다. 즉, 일반적인 의미의 소득 수준은 OECD 평균의 60%에 그치고 있다. 그럼에도 PPP로 환산한 1인당 GDP, 즉 자국 내 구매력이 73%에 이르는 것은 한국의 물가가 다른 OECD 국가보다 낮아 같은 소득으로 더 많은 물건을 구입할 수 있기 때문이다. 이에 일반적 의미의 GDP로 나타나는 것보다 삶의 질이 높다고 할 수 있다.

PPP로 환산한 1인당 GDP가 높기 위해서는 일반적 의미의 GDP가 높으면서 물가 수준은 낮아야 한다. OECD 내에서는 평균을 100으로 했을 때 룩셈부르크가 246으로 가장 높다. 즉, OECD 회원국 국민들이 한 달 평균 100을 구매할 능력이 있다면 룩셈부르크 국민들은 246을 구매할 능력이 있다는 의미다. 룩셈부르크의 1인당 GDP가 매우 높기 때문에 나타난 결과다. 이 밖에 노르웨이, 미국, 아일랜드 등의 국가가 순위가 높은 편이다.

그런데 한국인의 구매력은 제대로 사용되지 못하고 있다고 한다. 소득 가운데 세금, 국민연금, 대출 이자 등으로 나가는 부분이 많기 때문이다. 이에 실제 소비할 수 있는 능력은 OECD 평균의 58%에 그친다. 즉, 전반적으로 물가가 낮아 소득에 비해 구매력이 높지만 소득 가운데 상당 부분이 대출 이자 등으로 빠지면서 정작 많은 소비를 못하고 있는 것이다.

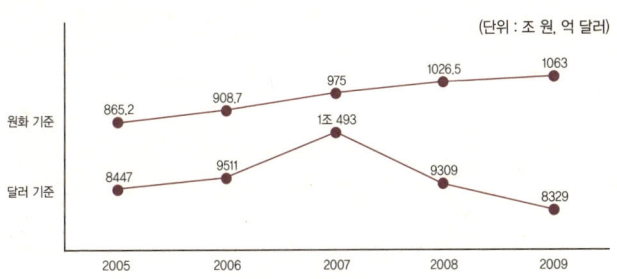

[그림1-3] **국내 총생산의 추이(명목 기준)**
*자료 : 한국은행

Seven Days Master Series

step 2

환율은 어떻게 움직이나

환율에 영향을 미치는 요인

 환율은 외환시장에서 결정된다. 외환시장은 휴일을 제외하고 매일 열리며, 달러를 사고파는 거래 과정에서 시시각각 환율이 변화한다. 주가와 비슷하다 보면 된다. 외환시장은 오전 9시에 개장해 오후 3시에 폐장한다. 개장 시점의 거래가격을 시가, 폐장 시점의 거래가격을 종가라 한다. 물론 외환은 폐장 이후에도 양 당사자가 합의하면 거래가 가능하며 이때 수급 동향은 다음날 시가에 반영된다.

 평균환율과 기말환율이란 표현이 간혹 등장하는데 이때 평균환율은 1년간 일일 종가를 평균한 것이며 기말환율은 특정 시점의 종가를 뜻한다. 예를 들어 2009년 기말환율은 2009년 12월 31일의 종가를, 2010년 1분기 기말환율은 2010년 3월 31일의 외환시장 종가를 의미한다.

여기서 외환시장은 은행 간 시장을 의미한다. 즉, 은행들이 달러를 사고파는 시장을 의미하며 환율은 여기서 결정된다. 기업이나 개인은 외환시장에 참여할 수 없다. 단지 은행을 통해 환전할 수 있을 뿐이다. 때문에 기업이나 개인이 아무리 많은 외환을 환전해도 이는 환율에 영향을 미치지 못하고 은행 간 거래에서 결정되는 환율에 따라 달러를 사고팔 수만 있다.

이때 은행은 환전 과정에서 수수료를 챙기는데 이에 따라 '살 때 환율'과 '팔 때 환율'이 달라진다. 시장에서 '기준 환율'이 정해지면 은행은 여기에 수수료를 붙여 고객이 달러 등 외환을 살 때는 '살 때 환율'을 적용해 비싸게 받고, 반대로 은행이 고객으로부터 외환을 살 때(고객이 팔 때)는 '팔 때 환율'을 적용해 싸게 산다. 이를 통해 은행은 수수료 수익을 얻는다.

결국 기업이나 개인은 은행이 고시하는 환율을 적용받기만 할뿐 가격에 직접 영향을 미칠 수 없다. 물론 기업이나 개인이 은행에서 거액의 환전을 하면 이는 은행을 통해 외환시장에 간접적으로 영향을 미칠 수 있다. 기업이 거액의 달러를 원화로 바꿔 가면 은행은 이 가운데 일부를 외환시장에 풀게 되고 이에 따라 환율이 내려가는 식이다. 또 기업이 은행에 대해 거액의 달러를 구해 달라고 요청하면 은행은 이 요구에 따라 외환시장에서 달러를 구매하게 되고 이 과정에서 환율이 올라갈 수 있다.

수급 원리에 따라 움직이는 환율

그렇다면 환율은 구체적으로 어떻게 움직이는 것일까? 한마디로 공급이 늘면 가격이 떨어지고 공급이 줄면 가격이 오른다. 1장에서 설명했듯 환율에 대한 가장 명쾌한 정의는 원화와 비교한 외국 통화의 가격이다. 즉, 달러화 환율이 달러의 가격이라면 달러 공급이 늘면 떨어지고, 반대로 공급이 줄면 오른다. 시장경제의 가장 기본적인 수요-공급 원리가 외환시장에도 그대로 적용되는 것이다.

수급에 가장 큰 영향을 미치는 것은 경상수지다. 경상수지가 흑자를 기록하며 외국으로부터 달러 공급이 늘면 달러 가격, 즉 달러화 환율은 떨어진다. 반대로 경상수지가 적자를 기록하면 달러 공급이 줄면서 달러화 환율은 오른다. 경상수지가 흑자를 기록해 수출기업이 은행으로부터 계속 달러를 환전해 가면 은행은 이를 원화로 바꾸기 위해 외환시장에 달러를 내놓으면서 환율이 떨어지고, 반대로 수입기업이 수입을 위해 은행으로부터 달러를 사 가면 은행들이 이러한 수요를 맞추기 위해 외환시장에서 달러를 사들이면서 수요가 늘어 환율이 오르는 식이다. 외환위기 이후 한국 경제는 지속적으로 경상수지 흑자를 기록하면서 전반적으로 환율이 하향 안정세를 기록해 왔다.

여기에 수출기업들의 전망도 영향을 미친다. 앞으로 환율이 지속적으로 하락할 것으로 예상되면 기업들은 어떻게 해야 할까? 외국으로부터 달러를 받는 대로 은행을 통해 시장에 내다팔아야 한다. 그렇지 않으면 손해를 본다. 예를 들어 어떤 기업이 수출대금으로 받은 100만 달러를 갖고 있다고 가정하자. 그런데 1,000원인 달러화 환율이 조금 있으면 500원으로 급락할 것으로 예상된다. 이 같은 상황에서 이 기업이 지금 100만 달러를 환전하면 10억 원(100만 달러×1,000원)을 손에 쥘 수 있다. 하지만 조금이라도 지체했다간 5억 원(100만 달러×500원)밖에 건지지 못한다. 이에 따라 환율이 계속 떨어지고 있거나 앞으로 떨어질 것으로 예상되면 기업은 달러를 받는

대로 시장에 팔게 된다. 그래야 손해를 막을 수 있다.

이런 행위가 집중되면 시장에는 달러 매물이 계속 쏟아지고 결국 환율은 급격히 하락하게 된다. 기업의 달러 매도가 시장에 미치는 파급력은 대단하다. 국내 일일 외환거래가 100억 달러에 못 미치는 상황에서 삼성전자 같은 수출 대기업은 많게는 하루에 10억 달러를 은행을 통해 시장에 내놓기도 한다. 하루 거래량의 10%를 한꺼번에 쏟아내는 것이다. 이렇게 되면 시장이 크게 요동치면서 환율이 급락할 수 있다.

그런데 이 같은 예상은 수출업자들만 하는 것이 아니다. 외환을 거래하는 대다수 시장 참가자들이 비슷한 예상을 하면 달러 매물이 계속 나오면서 환율 하락은 심화된다.

반대로 환율이 계속 오르는 중이거나 앞으로 오를 것으로 예상되면 기업들은 수출하고 받은 달러를 가급적 오래 수중에 쥐고 있으려 하게 된다. 환율이 오른 후 팔면 훨씬 많은 원화를 확보할 수 있기 때문이다. 이에 따라 시장에는 아무도 달러를 내놓으려 하지 않게 되고 이는 달러 부족 현상을 심화시켜 환율 상승세를 심화시키게 된다.

수입업자들도 영향을 미친다. 한 기업이 6개월 후 원유를 도입할 계획을 갖고 있다고 가정하자. 환율이 오르거나 오를 것으로 예상되면 미리 달러를 확보해 두는 것이 좋다. 추후 환율이 오르면 달러를 구하기 위해 더 많은 돈을 써야 하기 때문이다. 모든 수입업자들이 이 같은 예상을 하면 시장에서는 지금 바로 달러를 구하려는 경쟁이 벌어지고 이는 달러에 대한 수요를 키우면서 달러 가격 상승, 즉 환율 상승으로 이어진다.

반대로 환율이 내리거나 내릴 것으로 예상되면 수입 시점까지 기다렸다 달러를 확보하는 것이 낫다. 그러면 현 시점에서 달러 수요가 줄어 달러 가격, 즉 달러당 환율이 떨어진다.

(그런데 한국에서는 수입업자들의 이런 움직임이 둔감한 편이다. 한국 수입업자 대부분은 독과점업체나 공기업들이다. 원유를 수입하는 한국전력, 가스를 수입하는 가스업체들이 대표적이다. 이들은 독점기업이라 환율 상승에 따른 수입 부담 증가를 소비자에 전가할 수 있기 때문에 환율 흐름을 예상해 미리 달러를 확보하는 등의 노력을 잘 하지 않는다.)

아예 수입 시점을 밀고 당기기도 한다. 앞으로 환율이 상승해 수입 부담이 늘 것을 우려해 환율이 오르기 전 미리 수입해 놓기 위해 수입 시점을 당기거나, 반대로 환율이 하락해 수입 부담이 줄 것으로 기대되면 환율이 충분히 내린 후 수입하기 위해 수입 시점을 미루는 식이다.

수출기업도 비슷한 행위를 한다. 환율이 상승해 원화로 환산한 수출 이익이 늘 것으로 기대되면 수출 시점을 미루고, 환율이 하락해 수출 이익이 줄 것으로 예상되면 환율이 떨어지기 전 수출하기 위해 가급적 수출 시점을 당기는 식이다.

이처럼 똑같은 환율 조건에 대해 수출기업과 수입기업은 서로 반대로 행동한다. 이 가운데 환율 상승이 예상돼 수입기업이 환율이 오르기 전 달러를 확보하기 위해 달러 매수에 나서는 행위를 '리딩', 반대로 수출기업이 환율이 충분히 오른 후 달러를 내놓기 위해 현재 달러를 내놓지 않는 행위를 '레깅'이라 한다. 이 같은 행위는 외환시장에서 환율 상승을 더욱 배가시킨다. 달러 수요는 커지는 반면 공급은 줄어 달러가치가 오르는 것이다.

결국 기업들은 수출입을 통해 환율에 영향을 미치며, 환율에 대한 예상에 기반한 경제적 행동으로 그 영향력을 더욱 배가시킨다.

은행 차입도 큰 영향

국내 은행과 차입자들의 행동도 환율에 영향을 미친다. 은행은 누군가로부터 돈을 빌려 이를 다시 다른 사람에게 빌려 줌으로써 수익을 낸다. 빌린 이자율보다 빌려 줄 때 이자율을 더 높게 받아 차익을 챙기는 것이다. 예금 형태로 돈을 빌려 대출 형태로 빌려 주는 식이다. 이 같은 상황에서 은행이 많은 수익을 내려면 가급적 싸게 자금을 조달해야 한다. 이때 해외 차입이 중요한 통로가 될 수 있다.

달러당 환율이 1,000원에서 1년 뒤 500원으로 떨어질 것으로 예상된다고 하자. 그러자 한 은행이 외국 은행에서 1년간 빌려 쓴다는 조건으로 1,000만 달러를 조달했다. 이 은행은 외환시장에서 이를 환전해 100억 원(1,000만 달러×1,000원)을 확보한 후 한 기업에게 빌려 줬다. 그리고 1년이 지나자 이 은행은 기업으로부터 100억 원의 대출을 상환 받았다. 이제 이를 다시 환전해 1,000만 달러를 외국 은행에 갚으면 된다. 그런데 이때 환율이 은행 예상대로 달러당 500원으로 떨어졌다고 하자. 이런 상황에서 1,000만 달러를 마련하기 위해선 50억 원(500원×1,000만 달러)만 쓰면 된다. 기업으로부터 상환 받은 100억 원 가운데 50억 원만 환전하면 외국은행에서 빌린 1,000만 달러를 마련할 수 있는 것이다. 그러면 외국 은행에 1,000만 달러를 갚고도 50억 원이 남게 된다. 여기에 외국에서 돈을 빌릴 때 이자율과 기업에 빌려 준 이자율의 차이까지 더해지면 은행의 수익은 더욱 커진다. 결국 이 은행은 외국 은행에서 돈을 빌려 1년간 다른 기업에 빌려 줬을 뿐인데도 앉아서 큰 수익을 남기게 된다.

이 같은 행위는 차입자들이 직접 할 수도 있다. 은행을 통해 외화로 대출을 받아 운용하다 환율이 떨어지면 외화로 갚는 식이다. 이렇게 하면 이자 부담이 줄어듦은 물론 되레 수익을 낼 수도 있다. 이처럼 환율이 떨어지거나 떨어질 것으로 예상될 때면 은행과 기업들은 외화 차입에 열을 올리게 된다. 이는 시중에 달러 공급을 더욱 늘려 환율 하락을 배가시킨다.

반대로 환율이 상승하거나 상승할 것으로 예상되면 외화 차입은 큰 손실을 불러올 수 있다. 갚을 시점에서 원화로 환산한 상환 부담이 크게 늘어나는 것이다. 이렇게 되면 외화 차입이 극도로 침체돼 달러 공급이 줄면서 환율 상승을 배가시킨다.

외국인들도 외환시장에 영향을 미친다. 주식, 채권 등

간접 투자를 하거나 공장을 짓는 등 직접 투자를 하기 위해 국내에 외환을 들여오면 외환 공급이 늘면서 환율이 하락하고 반대로 국내에 투자했던 돈을 빼내 가면 외환 공급이 줄면서 환율이 상승한다. 2010년 초 삼성생명이 증시에 상장을 하자 여기에 외국인들이 대거 투자하면서 국내 외환 공급이 일시적으로 늘어 환율이 하락한 경우가 대표적인 예다.

국내 투자 활성화도 외환시장에 영향을 준다. 투자를 하기 위해서는 돈이 필요한데 국내에서 돈을 구하기 여의치 않아 외국에서 돈을 빌려오면 국내에 외환이 공급되면서 환율이 하락한다.

이 밖에 경제가 발전하면 환율은 하락한다. 경제가 좋아지는 만큼 통화가치도 따라서 올라가고 이에 따라 어떤 통화와 비교하건 환율이 떨어지게 된다. 반대로 경제에 문제가 있으면 통화가치가 약세를 나타내고 환율이 상승한다.

2010년 4월 20일 현황

시간	살때환율	팔때환율	기준환율	
15:01:02	1137.46	1098.34	1117.90	종가
14:50:07	1137.56	1098.44	1118.00	
14:36:04	1136.54	1097.46	1117.00	
14:18:52	1135.93	1096.87	1116.40	
14:01:52	1135.93	1096.87	1116.40	
13:43:29	1135.32	1096.28	1115.80	
13:08:26	1134.71	1095.69	1115.20	
11:05:11	1135.53	1096.47	1116.00	
10:43:36	1136.03	1096.97	1116.50	
10:34:58	1134.91	1095.89	1115.40	
10:28:06	1134.91	1095.89	1115.40	
10:17:36	1134.30	1095.30	1114.80	
09:37:13	1133.80	1094.80	1114.30	
09:25:19	1134.00	1095.00	1114.50	
09:09:58	1134.91	1095.89	1115.40	
09:01:23	1135.93	1096.87	1116.40	시가

[그림2-1] **일일 환율 변동 현황(1달러화 환율 기준, 단위=원)**

금리, 물가가 오르면
환율은 오를까, 내릴까?

    환율은 금리, 물가에도 큰 영향을 받는다. 우선 금리 영향부터 살펴보자. 한마디로 금리가 오르면 환율이 내려간다. 예를 들어 달러화 환율이 1,000원이고 한국과 미국의 금리가 3%인 상황에서 한국 금리만 5%로 올랐다고 하자. 그럼 미국인 A가 100달러를 한국으로 들여와 10만 원을 받은 뒤 이를 1년간 투자하면 10만 5,000원을 받는다. 이후 이를 달러로 환전하면 105달러를 받아 5%의 수익을 낼 수 있다. 미국에서 투자할 때와 비교하면 2%(2,000원)의 수익률을 더 올릴 수 있다. 이에 따라 금리가 오르면 외국으로부터 자금이 유입된다.

    이처럼 달러가 유입되면 한국 내 달러 유통량이 늘어

달러가치는 내려가고 원화가치는 오른다. 즉, 환율이 내려간다. 환율이 내려가면 한국에 투자하는 매력은 더 커진다. 예를 들어 달러가 계속 유입되면서 달러화 환율이 1년 뒤 900원으로 떨어졌다고 하자. 이 환율로 10만 5,000원을 달러로 바꾸면 106.67달러를 얻을 수 있다. 환율이 내려가면서 수익률이 6.67%까지 오른 것이다.

결국 금리 상승 효과에 환율 하락 효과까지 덧붙여지면서 미국인의 한국에 대한 투자 수익률은 계속 올라가게 된다. 이에 따라 달러 유입은 지속되고 환율은 더욱 떨어지게 된다.

하지만 이런 효과는 오래갈 수 없다. 환율이 내려가면 수출이 줄고 수입이 늘면서 경상수지 적자(혹은 경상수지 흑자 축소)를 기록하기 때문이다. 경상수지 적자에 따른 달러 유출이 수익을 노린 달러 유입보다 커지면 환율은 다시 올라가게 된다. 그리고 그 오름폭은 한국에 투자하나 미국에 투자하나 별 차이 없는 수준에까지 이른다.

예를 들어 금리 상승에 따른 달러 유입으로 환율이 900원에 이르렀다고 하자. 100달러를 환전하면 9만 원을 얻고 5% 수익률로 투자하면 1년 뒤 9만 4,500원을 받는다. 이때 환율이 917.5원이 됐다고 하자. 9만 4,500원을

917.5원의 환율로 환전하면 103달러를 얻는다. 이렇게 되면 3% 수익률로 미국에 투자하나 5% 수익률로 한국에 투자하나 별 차이가 없다. 이처럼 환율이 매년 2%의 속도로 올라가면 미국인은 한국에 투자해 추가로 2%의 수익을 올리는 만큼 환율 상승으로 손실을 봐야 한다. 이에 더 이상 한국에 투자할 필요성을 못 느끼게 된다.

결국 금리가 올라가면 수익률 차이를 노린 자금이 유입되면서 환율이 내려가지만, 이에 따라 경상수지 적자가 발생하면서 환율은 다시 올라간다. 금리가 내려가면 반대의 결과가 발생한다. 외국의 금리가 높아 수익률 차이를 노린 자금이 유출되면서 환율이 올라가지만, 이에 따라 경상수지 흑자가 발생하면서 환율은 다시 내려간다. 이를 한마디로 요약하면 한국은행이 기준금리를 인상하는 등의 요인으로 인해 금리가 상승하면 단기 환율 하락, 장기 환율 상승이 발생하고 한은이 금리를 인하하는 등의 요인으로 금리가 내려가면 단기 환율 상승, 장기 환율 하락이 유발된다.

물가 오르면 환율 올라

다음으로 물가의 영향을 보자. 한마디로 물가가 올라가면 환율도 올라간다. 물가가 올라가면 그만큼 화폐가치가 떨어지기 때문이다. 예를 들어 모든 물건 가격이 100만 원에서 200만 원으로 오르면 200만 원의 가치는 예전 100만 원의 가치와 같게 된다. 100만 원의 가치는 예전 50만 원의 가치에 불과해진다. 이렇게 되면 외국 화폐와 비교해도 가치가 떨어진다. 예전에 1,000원으로 1달러를 살 수 있었다면 이제는 2,000원을 줘야 1달러를 살 수 있기 때문이다.

이는 곧 환율 상승을 뜻한다. 1달러=1,000원에서 1달러=2,000원으로 올랐기 때문이다. 이처럼 물가가 올라가면 환율도 오른다. 그런데 이 같은 효과 역시 오래 지속될 수 없다. 환율이 올라가면 경상수지가 흑자를 보면서 국내로 달러가 유입되고 이는 다시 환율을 떨어뜨리기 때문이다. 결국 물가가 오르면 단기적으로 환율이 오르고 장기적으로는 환율이 내려간다. 반대로 물가가 내려가면 단기적으로 환율이 내려가고 장기적으로는 오른다.

물가와 금리에 따른 환율의 이러한 움직임은 유동성 변화에 의한 환율의 움직임도 예상할 수 있게 해 준다.

시중 유동성이 증가하면 이는 금리를 떨어뜨리는 대신 물가 상승률을 높인다. 앞선 설명을 보면 금리 하락과 물가 상승의 환율 영향은 같다. 즉, 단기적으로 환율이 오르고 장기적으로는 내려간다.

반대로 시중유동성이 감소하면 이는 달러 대비 원화량이 줄었다는 뜻이고 금리 상승과 물가 하락을 유발하면서 단기적으로 환율이 내려간다. 환율이 내려가면 경상수지는 적자를 기록하게 되고 이 영향을 받아 장기적으로는 환율이 오른다.

재정적자의 경우도 연장선상에서 이해할 수 있다. 재정적자는 정부가 세금으로 거둬들인 수입보다 더 많이 지출하고 있는 상황을 의미한다. 이것이 가능하려면 정부가 채권을 찍어 돈을 끌어모아야 한다. 즉, 돈을 빌려야 한다. 이는 시중 이자율 상승으로 이어진다. 돈을 빌리려는 경쟁을 유발하기 때문이다. 앞서 봤듯 금리 상승은 단기적으로 환율을 하락시키고 이것이 경상수지 적자를 유발하면서 장기적으로 환율을 올린다. 이 같은 과정에 따라 재정적자는 금리 상승으로 이어져 단기 환율 하락, 장기 환율 상승을 유발한다.

외국의 금리 조절, 재정적자에 따른 영향은 한국의 금

리 조절, 재정적자와 반대로 생각하면 된다. 예를 들어 미국의 기준금리가 올라갔다고 하자. 그럼 미국으로 자금이 유출되면서 환율이 올라간다. 이는 경상수지 흑자를 유발하면서 다시 환율을 하락시킨다. 반대로 금리가 내려가면 한국으로 자금이 유입되면서 단기적으로 환율이 내려가고 장기적으로는 환율이 올라간다. 미국에 재정적자가 발생하면 미국 금리가 올라가면서 단기 환율 상승, 장기 환율 하락 현상이 발생한다. 또 미국의 물가가 올라가면 미국의 화폐가치가 떨어지면서 환율이 하락하고 이것이 경상수지 적자를 유발하면서 다시 환율을 올린다.

이처럼 한국뿐 아니라 외국의 금리, 물가, 재정적자 상황도 환율에 큰 영향을 미친다. 따라서 환율이 어떻게 변화할지 예측하려면 이러한 주요 경제지표의 동향을 잘 살펴야 한다.

현실에서는 금리, 물가 등의 직접적인 움직임보다는 이에 대한 예상이 환율에 더 큰 영향을 미치기도 한다. 예를 들어 지금은 금리가 올라가고 있지만 곧 내려갈 것으로 예측되면, 금리 하락 추세에 따른 환율 영향이 바로 반영되면서 단기적으로 환율이 올라가는 식이다. 또 환율이 내려감에 따라 경상수지가 적자를 기록하면서 환율이 다시 올라갈 것이란 예상이 바로 현실에 적용되면서 최초 내림폭이 제한되기도 한다.

지금까지 환율에 영향을 미치는 요소들을 알아보았다. 이를 종합하면 경상수지 흑자, 기업들의 환율 하락 예상, 해외 차입 증가, 외국인 투자 증대, 금리 상승, 물가 하락, 유동성 감소, 재정흑자는 환율 하락을 유발한다. 반대로 경상수지 적자, 기업들의 환율 상승 예상, 외국인 투자 감소, 금리 하락, 물가 상승, 유동성 증가, 재정적자는 환율 상승을 유발한다. 이 가운데 금리, 물가, 재정적자는 경상수지에 영향을 미쳐 단기 움직임과 장기 움직임이 달라진다는 것도 확인했다.

환율 예측 어떻게

앞으로 환율이 어떻게 움직일지 예측하기 위해서는 환율에 미치는 요소들이 어떻게 변화하고 있는지 살피면 된다. 2010년 상반기 시점에서는 환율 하락을 유발하는 요인들이 더 많아 환율이 계속 하락할 것으로 예상해 볼 수 있다. 하지만 이 같은 요인들은 미국에서도 생겨나고 있어 장기적으로 달러 강세가 유발될 것으로도 예상할 수 있다. 달러가 강세를 보이면 이에 맞춰 원화가치는 내려간다. 결국 환율이 어떻게 될지 예상하기 위해서는 달러 강세 요인과 원화 강세 요인 가운데 어떤 것이 더 강력한지를 판별해 보는 것이 좋다.

이와 관련하여 실질실효환율을 살펴보는 것도 좋다. 1장에서 살펴봤듯 실질실효환율은 우리 통화가치의 적정환율을 알려 준다. 현재 환율이 이보다 높다면 원화가 상대적으로 저평가를 받고 있다는 뜻이니 장기적으로 환율이 내려갈 것으로 예상해 볼 수 있다. 모든 경제지표는 결국 균형으로 돌아가게 돼 있기 때문이다. 한국의 실질실효환율은 1,000원 언저리로 알려져 있다. 따라서 2010년 4월 기준 1,100원대의 환율은 적정 수준보다 높은 것으로 볼 수 있고 환율이 추가로 내려갈 것으로 예상할 수 있다. 이에 따라 외국인들의 투자는 더 늘어날 가능성이 있다. 환율이 계속 내려가면 추후 달러로 환산한 자산 가치가 늘기 때문이다. 환율이 1,100원대일 때 100만 달러를 들여오면 11억 원을 만들 수 있고, 이후 환율이 1,000원으로 내려가면 110만 달러로 환전해 나갈 수 있다. 환전만으로 10%의 수익률을 올리니 외국인 투자가 지속되는 것이다.

환율 예상을 보다 간편하게 하려면 1월의 원화가치를 살펴보는 것도 좋다. 2006년을 예로 들어 보자. 2006년 1월 말일 달러당 환율은 971원으로 한 달 전인 2005년 12월 말 1,013원보다 42원 내려갔다. 그만큼 원화가치가 올랐다는 뜻으로 이 정도면 꽤 큰 폭이다.

그렇다면 2006년 12월 말 환율은 어떻게 됐을까? 2006년 12월 말 환율은 929.6원으로 1월 말 환율보다 더 내려갔다. 1월 원화가치가 올랐는데 그해 전체적으로 원화가치가 더 오른 것이다.

이처럼 1월의 환율 흐름은 그해의 전체 환율 흐름을 나타내는 경우가 많다. 외환시장에는 '환율에도 1월 효과가 있다'는 말이 있을 정도다. 실제 1월 환율이 하락세면 그해 전체 환율이 하락세를 보이고 1월 환율이 상승세면 전체 환율이 상승세를 보일 때가 많다.

1997년 이후 2008년까지 13년간 흐름을 보면 1998년, 2003년, 2007년, 2009년만 반대 흐름을 나타냈을 뿐 나머지 해에는 1월 흐름이 그대로 전체 흐름으로 이어졌다. 1998년, 2007년, 2009년에는 1월 환율이 상승세를 나타냈지만 1년간 환율은 하락세를 보였고, 2003년에는 1월 환율이 하락세를 나타냈지만 1년간 환율은 상승세를 보였다.

그런데 이 같은 예외에는 한 가지 재밌는 특징이 있다. 1998년, 2003년, 2009년은 각각 외환위기, 카드대란, 글로벌금융위기라는 큰 경제위기를 거친 해라는 점이다. 2007년은 경제위기는 아니었지만 부동산 거품이 2007년 초를 기점으로 꺾이기 시작했다는 점에서 평시라고 부르기는 어려웠다.

결국 경제에 큰 위기 혹은 변화가 없는 평시라면 1월 환율 흐름이 전체 환율 흐름으로 그대로 이어졌다.

왜 이런 모습이 나타났을까? 1월에는 각국 경제에 대한 기대가 각종 경제지표로 표출된다. 그해 경제가 좋을 것 같으면 투자자 심리가 개선돼 주가가 올라가는 경우가 많다. 환율도 마찬가지다. 경제가 좋을 것으로 예상되면 통화가치가 오를 것으로 기대돼 환율이 내려가게 된다. 반대로 경제가 좋지 못할 것으로 예상되면 통화가치가 내려갈 것이란 기대가 확산돼 환율이 올라가게 된다.

결국 1년간 환율 흐름을 예상해 보고 싶다면 1월 환율 동향을 살펴보는 것도 좋은 방법이 될 수 있다. 경제에 큰 위기만 없다면 대체로 맞힐 수 있을 것이다.

연도	1월말 환율	12월말 환율
1997	861.30	1415.20
1998	1572.90	1207.80
1999	1175.30	1145.40
2000	1122.10	1259.70
2001	1265.50	1326.10
2002	1314.80	1200.40
2003	1170.50	1197.80
2004	1173.60	1043.80
2005	1026.40	1013.00
2006	971.00	929.60
2007	940.90	938.20
2008	943.90	1257.50
2009	1368.50	1167.60

[그림2-2] **1월 환율과 1년 환율 변동**
*자료 : 한국은행

은행이 외화 빚을 못 내면 환율이 오를까?

지금까지 환율에 영향을 미치는 여러 요인들, 나아가 환율을 예측하는 방법에 대해 알아보았다. 하지만 이것으로는 부족하다. 좀 더 깊이 있는 이해를 위해서는 '외화유동성'에 대한 인식이 필요하다.

외화유동성과 외화자금시장

우선 '외환시장'과 '외화자금시장'부터 구분해 보자. 앞서 여러 차례 설명했듯 외환시장은 원화와 달러화 등 이종 통화를 거래하는 시장이다. 쉽게 말해 환전시장이라고 생각하면 된다. 즉, 달러를 주고 원화를 사거나, 원화를 주고 달러를 사는 거래가 이뤄지는 시장이다. 이 같은 과정에서 환율이 결정된다. 달러를 사려는 수요가 많으면 환율이 오르고, 반대면 환율이 떨어진다. 주요 참가자는 은행들이다. 수출기업들이 환전을 해 가면서 은행에 외환을 공급하면 은행들은 이 시장에서 달러를 원화로 바꾼다. 반대로 외환이 필요하면 이 시장에서 원화를 주고 달러를 사 간다.

국내 은행들은 이 밖에 환율의 움직임을 예측해 환율이 올라갈 것으로 예상되면 이 시장에서 달러를 구매하고, 환율이 내려갈 것으로 예상되면 달러를 팔아 원화를 확보한다. 환율의 움직임에 따라 수익을 내기 위해서다.

이에 비해 외화자금시장은 달러 자체를 빌리고 빌려주는 시장이다. 이 시장에서 흘러 다니는 달러 자금을 '외화유동성'이라 부른다. 유동성을 주로 공급하는 측은 외국은행 국내지점들이다. 줄여서 '외은지점'이라 표현하며, HSBC, 골드만삭스, JP모건 등 외국계 회사들의 국내지점을 의미한다. 이들은 모두 국내에서 사업을 영위하기 위한 지점을 두고 있다. 이에 비해 별도 법인을 설립해 전국적인 영업을 하고 있는 SC제일은행, 한국씨티은행 등은 '외국계 은행'으로 별도 구분한다. 이들은 시중은행 중한 곳으로 분류되며 외은지점과는 구분된다.

외은지점들은 해외 본사 등에서 자금을 끌어와 외화자금시장에 달러를 공급한다. 이때 자금을 빌리는 측은 대부분 국내 은행들이다. 이 시장에서 거래 결과는 기본적으로 환율에 영향을 미치지 못한다. 환율이 결정되려면 달러와 원화 사이에 거래가 있어야 하는데 이 시장에서는 달러 자체를 주고받기 때문이다. 거래 결과는 대신 금리에 영향을 미친다. 달러를 구하려는 수요가 많은데 유동성 공급이 부족하면 달러를 빌리기 위한 금리가 올라가고 반대 상황이면 금리가 떨어진다.

하지만 거래 결과는 간접적으로 환율에 영향을 미친다. 외화자금시장에 달러가 부족하면 외환시장에서 원화를 주고 달러를 구하려는 수요가 생기기 때문이다. 이는 환율 상승을 유발한다. 즉, 외화자금시장에 유동성이 부족하면 환율 상승으로 이어질 수 있다. 반면 외화자금시장에 달러가 넘쳐나면, 외환시장에서 달러를 팔고 원화를 사려는 수요가 생겨나면서 환율이 하락한다.

따라서 환율이 어떻게 움직일지, 경제가 얼마나 안정적으로 움직일지 등을 예측하기 위해서는 외환시장의 환율 동향과 함께 외화자금시장의 유동성 상황이 어떤지도 살펴야 한다. 외화자금시장의 유동성 상황도 환율 예측을 위한 중요한 열쇠가 되는 것이다.

2008년 말 리먼브러더스 파산을 시작으로 현재까지 그 여파가 지속되고 있는 글로벌 금융위기를 돌아보면 한국 경제는 여러 번 외화유동성 부족 사태를 겪었다. 환율 급등은 이에 따른 현상이었을 뿐 보다 근본적인 문제는 외화유동성 부족에 있었다.

그런데 따지고 보면 외화유동성 부족은 그 자체로 문제가 되지는 않는다. 어차피 국내 거래에서는 원화가 사용되므로 외화의 많고 적음은 국내 경제가 돌아가는 데 큰 영향을 미치지 못한다. 그럼에도 문제가 되는 것은 외채 때문이다.

앞서 설명했듯 환율 하락이 지속될 때 국내 기업과 은행들은 경쟁적으로 외화 차입에 열을 올렸다. 외화 빚을 지고 있는 상황에서 환율이 지속적으로 하락하면 원화로 환산한 상환 부담이 줄어 채무 부담이 크게 감소하기 때문이다. 이는 같은 이자율로 원화 빚을 내는 것보다 크게 이익이다. 또 은행들은 기업들의 선물환 거래를 받아주기 위한 반대 거래로 현물환을 차입하면서 빚을 더욱 키웠다.

이에 따라 금융위기가 정점에 달했던 2008년 말 한국의 유동외채(향후 1년간 갚아야 하는 외채)는 1,939억 6,000만 달러에 달했다. 원화로 환산하면 200조 원이 넘는 금액으로 한국 GDP와 비교하면 20% 이상, 당시 외환보유고와 비교하면 96.4% 수준에 달했다. 오랫동안 경상수지 흑자가 누적되면서 외환이 지속적으로 유입됐는데도 이것이 환율을 하락시키면서 역설적으로 빚을 키우는 일이 벌어진 것이다. 이처럼 빚을 통해 들어온 달러는 국내 외화자금 상황을 풍족하게 만들었다.

하지만 빚은 빚, 위기가 발생하자 이는 국내 외환 상황을 극도로 경색시키는 결과를 가져왔다. 글로벌 금융위기로 스스로 다급해진 외국인 투자가들이 현금을 확보하기 위해 한국 은행과 기업들에게 빚을 상환해 달라고 요구하고 나선 것이다.

국제 신인도를 고려해 국내 은행과 기업들은 이 같은 상환 요구에 응하지 않을 수 없었고 외화자금시장에서 추가로 달러 빚을 내기 어렵게 되자, 외환시장에서 달러를 구해 기존 빚을 상환했다. 한국은행과 정부는 국내 은행들이 외환을 구할 수 있도록 외환보유고 등을 풀어 외환시장에 달러를 공급했다. 이 과정에서 2008년 9월부터 12월까지 3개월여간 빠져나간 외환은 무려 1,000억 달러에 이르렀다.

이에 따라 국내 외환 부족 상황은 매우 심각해졌고 이 영향으로 환율은 급등했다. 그러자 외국인들은 한국 기업과 은행들이 조만간 남은 달러 빚을 갚기 어렵게 될 것이라 예상했고. 채무 상환 압박 요구를 더욱 거세게 하는 악순환이 벌어졌다. 결국 다시 외환위기가 올지 모른다는 위기감까지 생겨났다.

이러한 과정을 보면 국내 외환 부족 사태의 근원에는 과도한 외화 빚이 자리하고 있는 것을 볼 수 있다. 빚이 적다면 한국은행이 3,000억 달러에 육박하는 외환보유고를 쌓아 둘 필요가 없다. 예를 들어 한국 외화 빚이 300억 달러에 불과하다면 이를 모두 갚아 줄 수 있을 정도의 보유고만 갖고 있으면 된다. 이에 따라 외환시장 안정의 제1 요건은 적절한 외채 관리라 할 수 있다.

은행의 차입조건을 알려 주는 지표들

외채 관리가 잘 되고 있는지를 알기 위해서는 은행의 차입조건을 살펴야 한다. 은행들은 외국 은행으로부터 직접 차입 혹은 채권 발행 형태로 자금을 조달하는데, 차입 조건이 어떤지는 차환율, 가산금리, 만기로 알 수 있다. 우선 차환율은 '외채 가운데 만기연장 비율'을 의미한다. 여기서 만기연장은 이를테면 열흘 후 만기가 돌아오는 채권이 있을 때 이를 갚지 않고 '3개월 후 갚겠다'는 식으로 상환 기간을 연장하는 것을 뜻한다. 이때는 시장 상황에 따라 금리가 재조정된다.

대체로 은행들은 지속적으로 만기연장을 한다. 은행이 필요로 하는 외환에는 일정 수준이 있는데 이 가운데 일부를 갚으면 필요 수준을 채우기 위해 다시 다른 투자자를 찾아야 한다. 이는 무척 번거로운 일이다. 따라서 보통은 만기연장을 요청한다.

이때 만기연장은 전적으로 돈을 빌려 준 쪽 마음이다. 상황이 좋으면 만기연장을 해 주지만, 한국의 외환 사정이 좋지 않아 돈을 못 받을 가능성이 커지면 만기연장을 해 주지 않는다. 이에 만기연장 비율이 떨어질수록 앞으로 외환 사정이 좋지 않을 것이라고 예측할 수 있다.

이를 알려 주는 지표가 '차환율'이다. 예를 들어 2010년 4월 차환율이 90%라면 한국 은행들이 2010년 4월까지 갚아야 하는 외화 채무 가운데 90%가 만기연장됐다는 의미다. 차환율은 한국 외환 사정에 큰 영향을 받는다. 글로벌 금융위기가 정점에 이르렀던 2008년 4분기 차환율은 50.1%에 불과했다. 4분기에 만기가 돌아오는 외화 채무 가운데 50.1%만 만기연장이 이뤄졌다는 의미다. 현재는 차환율이 80% 전후에서 안정된 흐름을 보이고 있다.

차환율은 100%를 넘어설 때도 많다. 예를 들어 2009년 3월 차환율은 104%를 기록했다. 이는 만기를 연장하면서 금액을 늘린 은행들이 있었다는 의미다. 예를 들어 A은행이 미국의 B은행으로부터 빌린 100만 달러를 3월에 갚아야 했는데 이 채무 만기를 1년 연장하면서 금액을 150만 달러로 늘리는 식이다. 많은 은행이 이러한 행위를 하면 차환율은 100%를 넘어선다.

차환율을 해석할 때는 입체적으로 보는 것이 좋다. 차환율이 100%를 넘어설 정도라면 국내 외환 사정이 좋은 것으로 해석할 수 있지만, 은행들이 과다하게 외화 빚을 내면서 거품이 형성되고 있는 것으로 볼 수도 있다.

또 차환율이 떨어지는 것이 좋을 수도 있다. 은행들이 외환 사정이 아주 좋아(수출기업으로부터의 외화 유입 등) 만기연장할 필요 없이 빚을 갚고 있다면 차환율이 떨어진다. 이밖에 만기가 짧은 단기외채의 차환율이 떨어질 경우, 이는 은행들이 장기적으로 돈을 빌릴 수 있어 안정적인 장기외채를 빌리면서 단기외채를 갚고 있는 것으로 해석할 수 있다.

이 같은 현상들은 국내 외환 사정이 개선되고 있음을 보여 준다. 2010년 1월과 2월 차환율은 89.3%로 2009년 4분기 102.9%보다 내려갔는데, 이는 은행들이 장기외채를 빌리는 대신 기존 단기외채를 상환하면서 만기를 연장하지 않은 영향이 컸다.

만기와 가산금리 조건도 중요하다. 우선 만기는 길수록 좋다. 안정적으로 돈을 빌릴 수 있기 때문이다. 외국 은행이 국내 은행에 오랫동안 안심하고 돈을 빌려 주고 있다는 의미이기도 하다. 2010년 1,2월 단기외채(만기 2일~1년)의 평균 만기는 79.9일로 2008년 4분기 34.1일보다 훨씬 길어져 상황이 안정됐음을 알 수 있다.

시장 상황이 아주 안 좋으면 은행들은 빌린 다음날 갚아야 하는 외화 빚을 내기도 하는데 이를 '오버나이트(over night)' 채권이라 한다. 금융위기 기간 은행들은 상황이 무척 악화돼 오버나이트 채권에 의존하기도 했다.

물론 짧은 기간 빌려 쓰는 단기외채 금리는 장기외채 금리보다 무척 낮은 편이다. 이에 은행들은 상황별로 단기외채를 선호하기도 한다. 실제 외화 유동성 상황이 좋아, 갚거나 만기를 연장하는 데 문제가 없다면 단기외채가 오히려 낫다. 따라서 전반적으로 만기가 짧아진다고 해서 무조건 우려할 필요는 없다. 하지만 안정성 측면에서는 외채 만기가 길어지는 것이 보다 좋다. 구체적으로 외채 구성에서 만기 1년 미만 단기외채보다 만기 1년 이상 장기외채의 비중이 높아질 때가 좋다.

금리도 중요한 지표다. 당연히 낮을수록 좋다. 2010년 1,2월 은행권 단기외채의 평균 가산금리는 연 0.253%포인트로 리보(런던중앙은행 금리)에 이것만 더하면 빌려 쓸 수 있었다. 예를 들어 리보가 연 2%인 상황에서 3개월 만기로 100만 달러를 빌려 쓴다면 100만 달러×0.02253(2.253%)×3/12만큼의 이자를 지급하면 된다. 3/12를 곱해 주는 것은 2.253%가 연간 지급하는 이자니, 빌려 쓰는 기간(12개월 가운데 3개월)만큼의 이자를 계산하기 위해서다. 2010년 1월과 2월 0.253%p의 가산금리는 2009년 4분기 1.6%p보다 매우 낮아진 수치다.

이 밖에 누가 은행에 외채를 빌려 주는지도 중요하다. 한국 상황을 우려하는 외국인이 늘면서 이들이 국내은행에 돈을 빌려 주려 하지 않는다면 한국은행이나 정부가 대신 빌려 줄 수밖에 없다. 외화자금 시장에서 외국은행을 대신해 달러를 빌려 주는 것이다. 이에 은행들이 외채를 잘 빌리고 있다 하더라도 이 가운데 한은이나 정부 비중이 높으면 좋은 상황이라고 해석할 수 없다.

이 밖에 유동성 상황이 어떤지는 크레디트라인, 외국은행 국내지점의 외환 상황 등으로도 알 수 있다. 크레디트라인은 국내은행과 협약을 맺은 외국은행이 국내은행에 설정해 주는 것으로, 한도까지 돈을 빌릴 수 있다는 일종의 약속이다. 예를 들어 A은행이 미국 B은행으로부터 2억 달러어치 크레디트라인을 받으면 당장 2억 달러 현금이 들어오지 않지만 요청하면 언제든 최대 2억 달러까지 나눠서 빌릴 수 있다. 구체적인 대출 요건은 협상에 따라 결정된다. 이 같은 크레디트라인이 축소되면 국내 외화유동성 상황이 악화될 것으로 전망할 수 있다.

또 국내 상황이 어려울 것으로 예상되면 외국은행들은 국내지점에 대한 외환 배정을 줄이는데, 이 동향으로 향후 외화유동성 상황을 예측해 볼 수 있다.

한국은 금융위기 직전 외화유동성 상황을 알려 주는 여러 지표들이 좋지 못했다. 은행들의 무분별한 차입으로 한때 외화가 넘쳐흐르던 것을 걱정하다, 위기가 터지면서 이 자금이 일시에 유출되자 시장이 경색되는 극과 극의 경험을 한 것이다. 외화유동성의 관리가 매우 중요한 것은 이 때문이다.

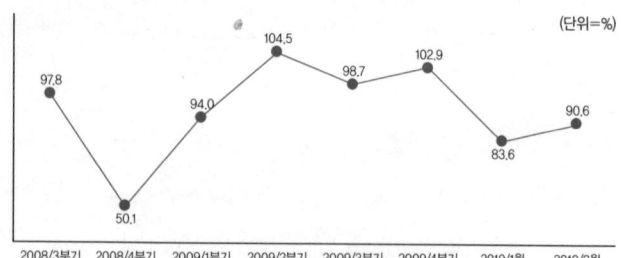

[그림2-3] **국내은행 단기 외채 차환율 추이**
*자료 : 금융감독원

Seven Days Master Series

step 3

환율이 경제에 미치는 영향

환율이 상승하는데 경상수지가 적자를 기록한다?

환율이 하락하면 더 적은 돈으로 달러를 살 수 있다. 달러 구입 부담이 그만큼 줄어드는 것이다. 이는 곧 우리의 화폐가치가 올랐다는 뜻이니 반가워해야 할 일이다. 그런데 환율이 하락하면 한국 경제가 큰 충격을 받는다고 한다. 왜 그럴까?

환율 하락은 경상수지 적자 유발

가장 큰 이유는 경상수지와 기업수지 악화에 있다. 현재 1달러당 환율이 1,000원이라고 하자. 이런 상황에서 삼성전자가 100달러짜리 휴대전화를 1개 수출하면 10만 원을 벌 수 있다. 그런데 환율이 갑자기 1달러당 500원으로 떨어졌다고 하자. 그럼 100달러짜리 휴대전화 하나를 수출해도 5만 원밖에 받지 못한다. 원화로 환산한 수출대금이 갑자기 절반으로 줄어드는 것이다.

이때 휴대전화의 원가가 8만 원이라고 하자. 그럼 삼성전자는 환율이 500원으로 떨어지면 수출로 손해를 봐야 한다. 휴대전화 하나를 수출해 5만 원을 받는데 이를 위한 원가가 8만 원이니 손해를 보는 것이다.

그렇다면 삼성전자의 선택은 한 가지다. 수출로 손해를 볼 수는 없으니 달러 표시 휴대전화 가격을 올리는 것이다. 삼성전자가 휴대전화를 수출해 손해를 보지 않는 수준, 즉 8만 원을 받기 위해서는 달러 표시 가격을 160달러로 올려야 한다. 그래야 8만 원(160달러×500원)을 벌 수 있다.

이러한 상황이면 삼성전자 휴대전화의 국제경쟁력은 추락할 수밖에 없다. 세계 경쟁이 치열한 상황에서 제품가격이 갑자기 100달러에서 160달러로 올라 버리면 각 나라의 수입업자들은 큰 부담을 느끼게 된다. 설령 수입한다 하더라도 자국 내에서 비싸게 팔아야 한다. 그러면 소비자들로부터 외면을 받을 수밖에 없다. 결국 수입을 주저하게 되고 이에 따라 삼성전자 휴대전화 수출은 급감하게 된다.

세계 시장에서 경쟁력을 인정받고 있는 삼성전자 휴대전화는 그나마 사정이 낫다. 가격을 올려도 꾸준한 수요가 있어 어느 정도는 판매할 수 있다. 하지만 세계 시장에서 치열한 가격 경쟁을 벌이는 제품들은 큰 타격을 입게 된다. 현대자동차가 대표적이다. 일본차 등과 치열한 경쟁을 벌이는 현대차의 달러 표시 가격이 환율 하락 영향을 받아 어느 날 갑자기 크게 오르면 판매에 큰 차질이 발생할 수 있다. 만일 한국 수출품 대부분이 이 같은 영향을 받는다면 한국 수출은 크게 감소하게 된다.

반대로 수입기업들은 사정이 좋아진다. 환율이 1,000원에서 500원으로 떨어지면 1달러짜리 물건을 수입해 오기 위해 준비해야 하는 돈이 1,000원에서 500원으로 줄어든다. 이에 더 수입해 올 여력이 생긴다. 환율이 1,000원에서 500원으로 떨어진 후에도 똑같이 1,000원을 수입에 사용하면 물건을 2개 수입해 올 수 있다. 나아가 환율이 낮을 때 물건을 충분히 확보해 두자는 심리가 생기면 예전보다 수입액을 더 늘릴 수도 있다.

이처럼 환율이 떨어지면 수출은 감소하는 반면 수입은

늘어 경상수지가 악화된다. 물론 이는 항상 통하는 등식은 아니다. 환율이 하락하더라도 경상수지는 오히려 개선될 수 있다. 예를 들어 환율이 1,000원일 때 100달러짜리 휴대전화를 하나 수출해 1배럴에 50달러 하는 원유를 2배럴 수입해 오고 있다고 가정하자. 이 경우 수출액과 수입액은 정확히 일치한다. 즉, 경상수지 균형 상태다. 이 같은 상황에서 환율이 달러당 500원으로 떨어졌다고 하자. 그러면 휴대전화 수출기업이 수지 타산을 맞출 수 없어 휴대전화 가격을 160달러로 올리게 된다. 그럼에도 수출에 성공하면 160달러를 벌 수 있다. 반면 원유 수입기업은 환율 하락으로 부담이 줄었지만 수입 물량을 늘리지 않았다고 하자. 국내 수요가 정확히 2배럴이기 때문이다. 그러면 수입액은 달러 기준 100달러로 그대로 유지된다. 결국 경상수지는 수출액 160달러에서 100달러를 제하면 60달러 흑자를 기록하게 된다. 환율 하락에도 불구하고 경상수지가 흑자를 기록하는 것이다. (이는 수출입액을 달러를 기준으로 비교했기 때문에 나온 결과다. 원화로 환산해 비교하면 오히려 적자를 보게 된다.) 하지만 이 같은 사례는 극히 예외적인 경우다. 대개는 수출 자체가 줄고 수입이 늘어 경상수지가 악화되기 마련이다.

이러한 상황은 결국 기업 수익성 악화로 이어진다. 앞서 예에서 환율이 1,000원에서 500원으로 떨어지자 삼성전자가 휴대전화 가격을 160달러로 올렸다 하더라도 원화로 환산한 가격은 8만 원으로 원가와 정확히 일치한다. 손해를 보지 않을 뿐 전혀 수익을 못 내는 것이다. 예전과 같은 수익을 내기 위해서는 휴대전화 가격을 200달러로 올려 원화 환산 10만 원을 받아야 하지만 이는 극히 어려운 일이다.

유수의 기업들이 각축전을 벌이는 상황에서 휴대전화 가격은 세계 시장의 수급에 큰 영향을 받는다. 따라서 가격을 올리기 어렵고 설령 혼자 가격을 올린다 하더라도 소비자들의 외면을 받을 수밖에 없다. 때문에 이익을 볼 수 있을 정도로 가격을 올리기 어렵고 결국 수익성이 악화된다.

상황이 더 나쁜 경우도 있다. 장기공급계약을 맺어 계약 기간 동안 달러 표시 가격을 올릴 수 없는 기업들은 손해를 보면서 수출을 해야 하기도 한다. 환율이 1,000원에서 500원으로 떨어졌는데도 휴대전화를 계속 100달러에 수출해야 하는 경우다. 이러한 상황이라면 수출을 중단하는 것이 낫지만 신용도를 고려해 울며겨자먹기로 수출하는 경우가 많다.

이 경우 기업은 수출 후 받은 달러를 바로 환전하지 않고 계속 가지고 있다가 환율이 정상 수준으로 오르면 환전하는 방법을 쓴다. 하지만 생산을 계속하고 직원들에게 월급을 주기 위해서는 돈이 있어야 하고 결국 수출대금을 환전하는 과정에서 손해를 보게 된다.

이처럼 기업수익성이 악화되면 국민소득 감소가 불가피하다. 국민소득이 줄면 소비가 침체되고 소비 침체는 기업의 생산 의욕을 꺾어 투자 부진으로 이어진다. 결국 환율 하락은 총체적인 경기침체를 유발한다.

환율 상승은 수출기업 수익성 개선

환율이 상승하면 정반대의 일이 벌어진다. 달러화 환율이 어느 날 1달러당 1,000원에서 2,000원으로 올랐다고 하자. 그럼 삼성전자는 100달러짜리 휴대전화를 하나 수출해 10만 원을 벌던 상황에서 20만 원의 매출을 올리는 상황으로 바뀐다. 수익 측면에서 제조 원가가 8만 원이니 2만 원의 이익을 올리던 것에서 12만 원의 수익을 올리는 것으로 바뀐다.

이때 삼성전자는 두 가지의 선택을 할 수 있다. 첫째는 계속 100달러에 수출해 20만 원의 매출을 올리는 것이다. 다음으로 휴대전화 가격을 50달러로 낮출 수도 있다. 환율이 2,000원으로 올랐으니 가격을 50달러로 낮춰도 이전과 같은 10만 원의 매출을 올릴 수 있다.

대개는 중간 지점을 선택한다. 휴대전화 가격을 50달러와 100달러 중간 지점으로 설정하는 것이다. 만일 80달러로 설정한다면 삼성전자는 휴대전화 하나를 수출해 16만 원의 매출을 올릴 수 있다. 여기서 원가 8만 원을 제하면 8만 원의 이익을 남기게 된다.

이렇게 되면 삼성전자는 두 가지 측면에서 상황이 개선된다. 우선 달러 기준 휴대전화 가격이 100달러에서 80달러로 내려가면서 수출이 증가한다. 가격이 싸졌으니 삼성전자 휴대전화에 대한 수요가 늘면서 수출이 늘어나는 것이다. 다음으로 수익성이 개선된다. 휴대전화 한 대를 수출해 발생하는 이익이 기존 2만 원에서 8만 원으로 증가하는 것이다. 여기에 수출량이 늘었으니 이익은 더 크게 증가할 수 있다.

이처럼 수익성이 개선되면 국민소득이 증가하고 이에 따라 소비가 증가하면서 경기가 크게 개선된다.

반면 수입기업들은 상황이 악화된다. 환율이 1,000원에서 2,000원으로 오르면 1달러짜리 물건을 수입해 오기 위해 준비해야 하는 돈이 1,000원에서 2,000원으로 오른다. 이에 수입 부담이 늘면서 수입을 줄이게 된다.

수출은 증가하는데 수입이 감소하면 결과는 자명하다. 경상수지가 흑자를 기록하는 것이다. 2009년의 상황이 이와 같았다. 환율이 크게 오르면서 삼성전자, 현대자동차 등 수출 기업들의 수출액이 크게 늘고 수익성이 개선된 반면 수입기업들은 수입을 줄이면서 경상수지가 대규모 흑자를 기록했다. 이는 국내 경기 회복에 크게 기여했다.

이러한 상황은 기업 주가에 큰 영향을 미친다. 환율이 상승할 때는 삼성전자, 현대자동차 등 수출기업의 주가가 오르고 원자재를 수입에 의존하는 한국전력, 가스공사 같은 수입기업의 주가는 내려간다. 반대로 환율이 하락할 때는 수출기업의 주가가 내려가고 수입기업의 주가는 오른다. 이러한 등식은 항상 성립하는 것은 아니지만 대개는 잘 들어맞는다. 주식 투자를 할 때 참고하면 좋을 것이다.

한편 환율이 상승했는데 일시적으로 경상수지가 적자

를 기록할 수도 있다. 과정은 다음과 같다.

환율이 1,000원에서 2,000원으로 올랐다고 가정하자. 그러자 수출기업이 원화 환산 제품 가격이 크게 오르면서 달러 기준 가격을 낮췄다. 100달러에 수출하던 제품을 80달러에 수출하는 식이다. 그래도 이 기업은 원화 환산 기준으로 예전보다 높은 값을 받아 더 많은 이익을 낼 수 있다. 여기에 달러가격 인하가 효과를 내면 수출 물량이 늘면서 이익은 더 커질 수 있다.

그런데 이 같은 가격 인하가 물량 증대로 이어지기 위해서는 새로 계약을 체결하는 등 다소간의 시간이 필요하다. 이에 일시적으로 원화를 기준으로 하면 수출대금이 크게 증가하지만 달러 기준 수출대금이 감소할 수 있다. 1대를 수출하던 상황이라면 수출액이 100달러에서 80달러로 줄어드는 식이다.

하지만 수입대금은 그대로다. 50달러에 수입해 오던 원유를 환율이 올라 원화 환산 부담이 늘었다고 해서 수입기업 마음대로 원유 가격을 깎을 수 없다. 이에 수입대금은 그대로 유지된다. 수입대금이 줄기 위해서는 수입 물량 자체를 줄여야 한다. 하지만 수입은 계약 기간이 있어 당분간은 약속한 물량을 계속 수입해야 한다. 원유 2배럴을 6개월간 수입하기로 계약한 상황이라면 그대로 이행해야 하는 것이다.

이 같은 상황을 산식으로 정리하면 환율이 1,000원일 때 100달러짜리 휴대전화를 수출해 50달러짜리 원유 2배럴을 수입한다면 경상수지는 균형이다. 이후 환율이 2,000원으로 오르면서 휴대전화 가격을 80달러로 낮춘 반면, 원유를 그대로 100달러어치 수입해 온다면 경상수지는 20달러 적자다. 환율이 상승했는데 일시적으로 경상수지 적자를 기록하는 것이다.

이러한 상황이 개선되려면 환율 상승에 따른 수출품의 달러 가격 인하가 효과를 내면서 수출 물량이 늘고, 환율 상승에 따라 수입 부담이 늘면서 수입 물량 감소가 나타나야 한다. 하지만 이렇게 되기까지는 시간이 소요되고 일시적으로 경상수지는 적자를 볼 수 있다.

이처럼 환율이 상승하면 일시적으로 경상수지가 적자를 기록하다가(혹은 흑자폭 감소), 시간이 흐르면서 경상수지가 흑자를 기록(혹은 흑자폭 증가)하는 현상을 'J커브 효과'라 한다. 수지가 일시적으로 내려가다가 장기적으로 올라가는 모습이 대문자 J와 비슷하다는 데서 나온 용어다.

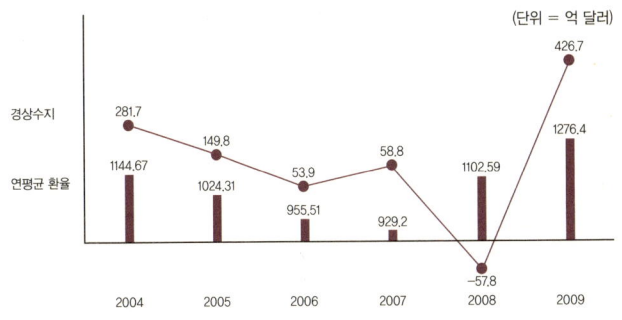

[그림3-1] **경상수지와 환율 추이**
*자료 : 한국은행

환율 하락은 무조건 경제에 독?

 환율 변화는 서비스수지에도 영향을 미친다. 서비스수지는 상품 수출입이 아닌 서비스 수출입을 나타낸다. 의료, 관광, 유학, 법률 등이 대표적이다. 이 가운데 관광을 보면 환율이 하락해 달러를 더 싼 값에 살 수 있으면 해외여행 부담이 크게 낮아지는 효과가 있다. 달러당 환율이 1,000원에서 500원으로 내려가면 여행 경비로 1,000달러를 쓰려는 해외여행자는 100만 원이 아닌 50만 원만 준비하면 된다. 반값으로 여행할 수 있는 것이다. 또 100만 원을 그대로 쓰면 예전에는 1,000달러를 환전할 수 있었지만 이제는 2,000달러를 마련할 수 있다. 결국 환율이 하락하면 해외여행이 늘고 씀씀이가 커지게 된다.

 반면 우리나라로 여행 오는 외국인들은 환율이 1,000원일 때는 1,000달러만 갖고 와도 100만 원을 받을 수 있었지만, 환율이 500원으로 떨어지면 100만 원을 마련하기 위해 2,000달러를 갖고 와야 한다. 그만큼 한국 여행 부담이 커진 것이다. 이에 외국인들은 한국 여행을 기피하게 되고 한국을 찾았다 하더라도 씀씀이를 줄이게 된다.

 이러한 상황은 관광 외에 의료, 교육, 법률 등 다른 서비스수지에도 그대로 적용된다. 환율이 하락하면 내국인의 해외 의료, 교육, 법률 소비가 증가하는 반면 외국인의 국내 의료, 교육, 법률 소비는 감소한다. 결국 환율 하락은 내국인의 해외 소비는 늘리는 반면 외국인의 국내 소비는 줄이면서 서비스수지 적자폭을 키운다.

 반대로 환율이 크게 오를 때는 외국인의 국내 여행이 늘고 내국인의 해외여행은 준다. 2009년 원화 대비 엔화 환율이 크게 오르면서 일본인들이 서울 명동을 점령하다시피 한 일이 있었는데 이때도 환율의 영향이 절대적이었다. 2008년 100엔당 1,000원에 못 미쳤던 원화 대비 엔화 환율은 2009년 1,500원을 넘어설 정도로 급등했다. 이에 따라 일본인들은 예전보다 싼 값으로 한국 여행을 할 수 있게 됐다. 2008년에는 100만 원짜리 한국 패키지여행을 하기 위해 10만 엔이 필요했지만, 2009년에는 6만 7,000엔만 준비하면 여행이 가능하면서 일본인의 한국 방문이 크게 늘었다. 반면 한국인의 일본 여행은 급감했다. 10만 엔짜리 일본 패키지여행을 위해 2008년에는 100만 원만 준비하면 됐지만 2009년에는 150만 원을 준비해야 했기 때문이다. 이에 따라 한국인의 일본 여행은 크게 줄었고 결국 큰 폭의 대일 여행 수지 흑자를 기록할 수 있었다.

한국은 해외여행 및 유학 수요가 지속적으로 급증하는데다 환율까지 장기 하락 추세를 보이면서 만성적인 서비스수지 적자를 기록하고 있다. 2008년 환율이 크게 오르면서 적자폭이 잠시 줄었지만 2009년부터 다시 커지고 있다.

물가 하락에 기여하는 환율 하락

이 같은 논리 전개를 보면 환율 하락보다는 환율 상승이 경제에 유리한 것으로 해석된다. 환율이 오르면 수출이 늘고 수입이 줄어 경상수지가 개선되고 수출기업들의 수익성이 개선된다. 또 내국인의 해외 소비보다 외국인의 국내 소비가 늘면서 서비스수지도 개선된다. 반대로 환율이 내려가면 정반대의 일이 벌어진다. 이에 따라 정부는 환율이 낮은 것보다 높은 것을 선호하며, 되도록이면 환율이 높은 수준을 유지할 수 있도록 정책적인 노력을 한다.

하지만 환율 상승은 무조건 좋고 환율 하락은 무조건 나쁘다는 식으로 이해해선 곤란하다. 우선 환율 하락에는 의외로 좋은 점도 많다. 첫째로 물가를 안정시키는 효과가 있다. 달러당 환율이 2,000원에서 1,000원으로 떨어지면 1달러짜리 제품의 수입 부담이 줄면서 국내 소비자가격도 떨어진다. 물론 소비자가격 인하폭은 수입업자 마음이다. 제품 가격을 그대로 유지하면서 자신만 이익을 볼 수도 있다. 환율이 2,000원일 때 1달러짜리 수입품 가격으로 2,500원을 받아 500억 원의 이익을 남기다가, 환율이 1,000원으로 떨어졌지만 제품 가격을 2,500원으로 그대로 유지해 1,500원의 이익을 남길 수도 있다.

하지만 이 같은 수입업자는 거의 없다. 제품 가격을 다소 낮춤으로써 더 많이 판매하는 방식을 취한다. 이렇게 하면 가격을 그대로 유지하는 것보다 매출이 늘면서 오히려 더 많은 이익을 남길 수 있다.

이러한 과정에 의해 수입제품의 가격이 내려가면 이는 물가 안정에 크게 기여할 수 있다. 대표적인 것이 기름 가격이다. 최근 몇 년간 국제유가가 급등했음에도 우리 경제에 미치는 충격은 그나마 덜했다. 환율이 낮은 수준을 유지하면서 체감 유가의 상승을 방지했기 때문이다. 예를 들어 원유 가격이 배럴당 50달러에서 100달러로 크게 오르더라도 이 기간 환율이 1,000원에서 500원으로 떨어지면 원화로 환산한 1배럴의 가격은 5만 원으로 같게 된다.

실제 2008년 원유 가격이 배럴당 50달러에서 150달러 수준까지 폭등했지만 국내 휘발유 가격이 3배까지로 치솟지 않은 데에는 당시 낮은 수준을 유지했던 환율이 큰 몫을 했다.

비슷한 논리로 환율 하락은 기업 원가 부담을 낮추는 데 큰 도움이 된다. 원자재나 부품을 해외 수입에 크게 의존하는 기업들은 환율이 하락하면 보다 싼 값에 원자재나 부품을 수입해 올 수 있다. 환율이 2,000원에서 1,000원으로 하락하면 100만 달러어치 부품 수입을 위해 준비해야 하는 돈이 20억 원에서 10억 원으로 줄어드는 식이다. 이는 원가 부담을 줄이는 데 큰 도움이 되고 결국 채산성 개선으로 이어진다. 반대로 환율이 오르면 부품 수입을 위해 준비해야 하는 돈이 늘면서 채산성이 악화될 수 있다. 따라서 부품 수입 측면에서는 환율 상승보다는 하락이 유리하다고 할 수 있다.

물론 환율 하락이 수출 이익 감소로 이어지는 측면이 있는 만큼 환율 하락이 기업에 득이 될지 실이 될지를 알기 위해서는 수출 이익 감소와 원가 부담 감소 가운데 어떤 것이 더 큰 비중을 차지하는지를 살펴봐야 한다.

이는 기업마다 다르다. 수출을 하더라도 대부분의 부품을 수입에 의존하는 경우라면 환율 상승보다는 환율 하락이 유리하고, 부품을 수입에 별로 의존하지 않고 수출을 많이 하는 기업이라면 환율 하락보다는 환율 상승이 유리하다. 한국의 경우 전자보다는 후자가 많아 환율 상승이 수출입에 있어선 좀 더 유리한 것으로 해석된다. 하지만 지나친 상승은 원가 부담을 높여 경제에 짐이 될 수 있다.

빚 많은 기업은 환율 하락이 반갑다

환율 하락은 외화 부채를 갖고 있는 기업에도 도움이 된다. 1,000만 달러 빚을 지고 있는 기업이 연 10% 이자를 내고 있다면 환율이 2,000원일 때 연간 20억 원을 준비해야 한다. 원금을 상환하려면 200억 원을 마련해야 한다.

하지만 환율이 1,000원으로 떨어지면 이자 부담이 연간 10억 원으로 줄고 원금 상환액은 100억 원으로 줄어든다. 환율 하락이 외화부채 원리금 상환 부담을 크게 줄이는 것이다. 반면 환율이 오르면 외화부채 원리금 상환 부담이 늘면서 수익성을 크게 악화시킬 수 있다.

물론 빚이 아닌 외화 자산을 갖고 있는 경우라면 환율 하락보다는 상승이 유리하다. 1,000만 달러를 빌려 준 경우라면 원화로 평가한 원리금이 늘면서 추가 이익이 발생한다. 이 같은 이익은 개인도 누릴 수 있다. 해외 펀드에 투자한 경우 환율이 상승하면 원화로 평가한 펀드 잔액이 증가하면서 이익을 누릴 수 있다. 이처럼 환율이 상승하면서 생기는 이익을 환차익이라 한다.

외화 부채-자산 측면에서 환율 하락이 도움이 될지 상승이 도움이 될지 평가하기 위해서는 국가 전체적으로 외화 부채와 외화 자산 가운데 어느 것이 더 많은지로 판단하는 것이 좋다. 현재는 외화 부채가 자산보다 더 많아 외화 부채-자산에 있어선 환율 상승보다 하락이 도움이 된다.

하지만 환율 하락은 외화부채 자체를 늘릴 수 있어 주의가 필요하다. 환율이 계속 하락세에 있다면 현재 외화부채를 낸 뒤 갚을 시점에서 보다 적은 원화만 준비하면 된다. 이러한 효과를 누리기 위해 너도나도 외화부채를 내려고 한다면 경제 전체적으로 외화 빚이 크게 늘 수 있다. 때문에 환율이 하락세에 있다면 기업이나 개인이 무리한 외화부채를 내지 않도록 제어하는 것이 중요하다.

이 밖에 교육 문제로 해외에 처자식을 보낸 기러기 아빠 입장에서는 당연히 환율 하락이 반가운 소식이다. 월 생활비로 2,000달러를 보내는 가장의 경우 환율이 1,500원일 때는 300만 원을 마련해야 하지만 환율이 1,000원으로 떨어지면 200만 원만 준비하면 되기 때문이다.

이처럼 환율 하락은 경제에 도움이 될 때도 많다. 때문에 환율이 떨어진다고 해서 무조건 나쁜 소식으로 받아들여서는 안 된다. 반대로 환율이 오른다고 해서 무조건 좋은 소식으로 이해해서도 안 된다. 모두 양면성이 있으며 경제 상황에 따라 뭐가 유리한지 잘 판별해야 한다. 궁극적으로는 중용이 중요하다. 환율이 너무 높지도 낮지도 않은 한국 경제 상황에 가장 잘 맞는 수준으로 유지되는 것이 좋다. 하지만 말처럼 중용은 쉽지 않고 오늘도 환율이 오르면 오르는 대로, 내리면 내리는 대로 경제는 큰 충격을 받고 있다.

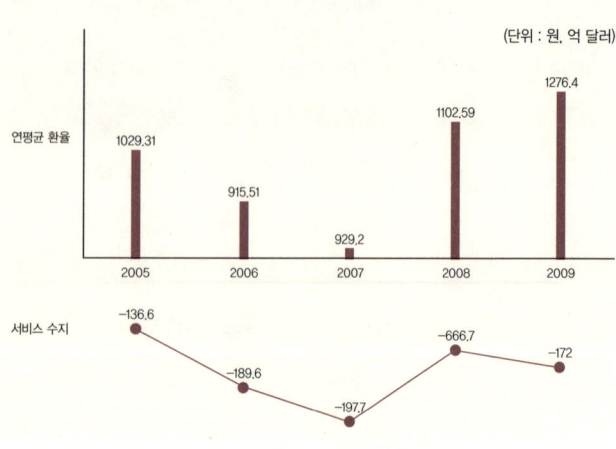

[그림3-2] **한국 서비스수지 적자 추이**
*자료 : 한국은행

환율의 급격한 상승이 경제위기를 부른다?

앞서 환율의 상승과 하락에 따른 경제 영향을 살펴봤다. 그렇다면 환율이 급격하게 하락하거나 상승하면 어떤 문제가 발생할까? 우선 환율의 급격한 하락은 수출 감소, 수입 증가, 기업 수익성 악화 등을 유발해 큰 경기 침체를 가져올 수 있다. 때문에 환율의 급격한 하락은 반드시 대처가 필요하다.

그런데 이 같은 충격도 환율의 급격한 상승에 따른 충격 수준과 비교하면 차라리 애교 수준에 가깝다. 환율의 급격한 상승은 경기 침체를 넘어 경제 위기를 가져올 수 있기 때문이다. 그 과정은 다음과 같다.

어느 날 갑자기 환율이 크게 올랐다고 하자. 국내에 달러가 부족하면서 달러가치는 크게 오른 반면 원화가치는 급락한 것이다. 이를테면 원화 대비 달러화 환율이 1,000원에서 2,000원으로 크게 오른 식이다.

이렇게 되면 당장 외화부채를 갖고 있는 기업이나 은행이 큰 충격을 받는다. 하루아침에 원화로 환산한 외화부채 원리금 상환 부담이 2배로 치솟기 때문이다. 그러면 한국 기업과 은행에 달러를 빌려 준 외국인들은 빚을 받지 못할 것이란 의심을 하게 된다. 그래서 빌려 준 돈을 떼이기 전에 먼저 받기 위해 지속적으로 상환 압박을 가하게 된다.

이러한 상황이라면 기업과 은행들은 외환시장에서 달러를 구하기 위한 경쟁을 벌이게 된다. 빚을 갚기 위해 달러를 구하는 것이다. 하지만 이미 달러가 부족한 상황이라 달러는 구하기 어렵고 이러한 움직임은 되레 환율만 더 올리게 된다. 수요가 증가하니 가격이 올라가는 것은 당연하다.

이런 식으로 환율이 올라가면 기업과 은행에 돈을 빌려 준 외국인뿐 아니라 한국 자산에 투자한 외국인들도 불안감을 갖게 된다. 예를 들어 삼성전자 주식을 100억 원어치 갖고 있는 외국인이 있다고 가정하자. 이들은 당연히 이 주식을 달러를 기준으로 평가한다. 달러 기준으로 가격이 올라야 진정한 수익이 발생했다고 할 수 있기 때문이다. 이 같은 상황에서 환율이 1,000원이라면 100억 원어치 주식은 1,000만 달러의 가치를 갖는다. 그런데 갑자기 환율이 2,000원으로 오르면 100억 원어치 주식의 달러 환산 가치는 500만 달러에 불과해진다. 원화를 기준으로 하면 가치는 그대로인데 환율이 2배로 오르면서 달러 환산 가치가 절반으로 추락하는 것이다.

(때문에 주식에 투자할 때는 달러 기준 주가를 보는 것도 좋다. 위기 상황이 아니라면 환율이 올라 달러 기준으로 가격이 내려간 삼성전자 주식은 외국인 입장에서 저평가된 주식일 수 있다. 환율이 다시 정상 수준으로 내려가면 원화 기준 삼성전자 주가는 그대로더라도 달러 기준으로는 오를 가능성이 크기 때문이다. 이에 환율이 오른 후 앞으로 떨어질 것으로 예상되면 외국인들의 주식 투자가 증가할 가능성이 있다. 이는 주가 상승으로 이어진다. 이때는 삼성전자 주식을 사 두는 것이 좋다. 하지만 경제에 문제가 있어 환율이 급등한 결과라면 투자는 금물이다.)

이러한 상황에서 환율이 앞으로 더 오를 것으로 예상되면 외국인은 하루라도 빨리 주식을 팔아 빠져나가는 것이 유리하다. 그래야 추가로 손해가 발생하는 것을 막을 수 있다. 이렇게 되면 주식 대량 매도가 발생하면서 주가가 폭락함은 물론 외환시장에는 달러를 구하기 위한 수요가 더 커지게 된다. 외국인들이 주식 매도 금액을 달러로 바꾸려 하기 때문이다. 이처럼 달러 수요가 폭증하면 외환시장에는 달러 자체를 구할 수 없을 것이란 의심이 생길 수 있다. 그리고 이 같은 의심이 확산되면 너도나도 달러를 구하려는 움직임이 심화될 수 있다. 결국 환율은 더욱 급등하게 된다.

경제학은 이러한 상황을 '자기실현적(self-fulfilling) 예언'으로 설명한다. 어떤 일이 생길 것이란 의심이 한 번 생기면 그에 따라 행동을 하게 되고 이러한 행동이 결국 의심을 실현시킨다는 뜻이다. 의심이 생기는 순간 현실화돼 버리는 것이다.

자기실현적 예언은 반드시 '무리행위(Herd Behavior)'를 동반한다. 의심은 누군가 갖는 순간 눈 깜짝할 사이 전체로 번지는 경향이 있다. 모두가 같은 의심을 하면서 비슷한 행동을 하게 되고 결국 의심의 실현은 빨라진다. 한국에 달러가 부족할 것이란 의심이 생기는 순간 모두가 같은 두려움을 갖게 되고 결국 한꺼번에 돈을 빼내 가려 하는 무리행위를 하면서 실제로 달러 부족 사태가 벌어지는 것이다.

정반대의 경우도 있을 수 있다. 이는 어떤 안 좋은 일이 생길 것으로 예상해 그 일을 하지 않았는데 모두가 같은 예상을 하면서 실제 그 일이 벌어지지 않는 것을 의미한다. 이를 '자기부정적(self-negating) 예언'이라 한다. 설날 길이 막힐 것으로 예상해 차를 몰고 나오지 않았는데 모두가 같은 예상으로 차를 몰고 나오지 않으면서 예상과 달리 길이 막히지 않는 상황이 대표적이다. 비슷한 것으로 '자기대체적(self-replacing) 예언'도 있다. 어떤 안 좋은 일을 당하지 않기 위해 특정한 준비를 했는데 모두가 비슷한 준비를 하면서 다음에는 더 많은 준비를 해야 하는 상황을 의미한다. 설날 아침 일찍 차를 갖고 나오면 길이 막히지 않을 것 같아 아침 일찍 나왔는데 모두가 비슷한 예상으로 아침 일찍 출발하면서 길이 막히자 다음 설날에는 새벽에 나오는 상황이 대표적이다.

어쨌든 자기실현적 예언에 따라 환율이 계속 폭등하면 이는 외화부채의 상환 부담을 더욱 키우고 빚을 빨리 갚으라는 외국인들의 요구를 더욱 거세게 만든다. 이러한 위기를 타개하기 위해서는 새로운 빚을 내 기존 빚을 상환해야 한다. 하지만 위기 상황에서는 한국이 아무리 높은 이자를 제공하더라도 그 누구도 돈을 빌려 주려 하지 않는다. 떼일 것이 뻔하기 때문이다.

이러한 상황을 흐뭇하게 지켜보는 쪽이 있다. 매우 공격적인 성향의 외국 투기 자본들이다. 이들은 환율이 급등하면 엄청난 이익 기회를 누릴 수 있다. 예를 들어 환율이 1,000원에서 지속적으로 상승하다가 결국 5,000원까지 이른 후 다시 정상 수준으로 돌아간다고 하자.

(이처럼 환율이 갑자기 치솟는 상황을 '오버슈팅'이라 한다. 환율이 상승할 때는 환율이 오르기 전 미리 달러를 구해 놓자는 심리가 생기면서 일시적으로 달러 수요가 크게 늘고 이에 따라 환율이 갑자기 크게 오른다. 이후 심리가 잦아들면 수요가 정상 수준으로 돌아오면서 환율이 예전보다는 높지만 안정적인 수준으로 돌아온다.)

투기 자본이 노리는 시점은 환율이 5,000원, 즉 최고점을 기록할 때다. 이때 집중적으로 원화를 매수하면 추후 큰 이익을 누릴 수 있다. 환율이 5,000원일 때 1억 달러를 투자해 원화를 사들이면 총 5,000억 원을 만들 수 있다. 이후 원화를 가만히 들고 있다가 환율이 정상 수준인 1,000원으로 돌아가면 5,000억 원을 다시 달러로 바꾼다. 그러면 이때 환율에 따라 5억 달러를 마련할 수 있다. 단지 환전만 2차례 했을 뿐인데 1억 달러를 5억 달러로 만들 수 있는 것이다.

이러한 상황을 노리는 투기 자본들은 환율이 한 번에 급등하도록 조작을 한다. 그 방법은 원화를 조금씩 지속적으로 매수하다가 한 번에 팔아 버리는 것이다. 환율이 1,000원에서 5,000원으로 오를 때까지는 몇 번의 부침이 발생한다. 즉, 때때로 시장이 다소나마 안정되면서 환율이 떨어질 때가 있는데 이때마다 달러를 파는 대신 원화를 매입해 뒀다가 특정 시점이 왔다고 판단되면 한꺼번에 외환시장에서 원화를 달러로 바꾸는, 즉 원화 대량 매도 및 달러 대량 매수를 행하게 된다. 이렇게 하면 시장은 큰 충격을 받으면서 환율이 일시적으로 급등하게 된다. 그러면서 환율은 고점을 찍는다. 이때 투기 자본은 원화를 사들임으로써 추후 큰 이익을 낼 수 있다.

이 과정에서 한국 경제는 큰 충격을 받는다. 환율이 계속 오르는 과정에서 외환시장에는 달러가 씨가 말랐는데 외국인들이 지속적으로 채무 상환을 요구하면 더욱 빚을 갚기 어려워지기 때문이다. 그럼 채무 상환을 포기하는 지경에 이를 수 있다. 특히 국가가 외화 채무를 갚을 수 없어 포기를 선언하는 것을 '모라토리엄'이라 한다. 이 정도까지는 이르지 않더라도 외국에 빚을 갚아 주기 위해 세계은행, 국제통화기금(IMF) 등 국제기구에 손을 벌리게 되는 상황은 얼마든지 발생할 수 있다.

1997년의 상황이 이와 같았다. 경상수지 적자가 계속되면서 달러 부족이 심화되자 외국인들이 한국 경제 상황을 불안하게 보면서 달러를 빼내 가기 시작했고, 투기자본의 공격까지 더해지면서 환율이 급등하더니 결국 외화 빚을 갚지 못해 IMF로부터 구제금융을 받기에 이른 것이다.

당시 비극은 한국이 아시아에 소속된 국가라는 점도 한몫했다. 아시아는 특정국에 위기가 발생하면 중국, 일본 등을 제외한 나머지 국가들이 함께 위기를 겪는 경우가 많다. 외국인 투자가들은 아시아 각국을 별도로 보지 않는다. 이에 아시아의 한 나라에 위기가 발생하면 아시아 여러 나라에 투자된 돈을 한꺼번에 빼낸다. 결국 한국에 문제가 없더라도 주변국에 문제가 생기면 함께 자본 유출을 당하는 경우가 많다. 97년에는 태국 등에서 먼저 위기가 시작돼 결국 한국에까지 번지고 말았다.

앞으로 이런 상황은 언제든지 재연될 수 있다. 오히려

위험성은 더욱 커졌다. 국제 자본시장 통합이 진전되면서 글로벌 자본 이동이 크게 늘었기 때문이다. 현재는 97년에는 상상할 수 없을 정도의 외국 자본이 국내에 들어와 있다. 이 자본이 한꺼번에 유출되면 한국 경제는 큰 충격을 받을 수 있고 위기의 폭은 97년보다 훨씬 클 수 있다.

이 같은 위험성은 아이러니하게도 97년 외환위기로 인해 커졌다. 한국은 97년 외환위기를 거치면서 IMF 등의 조언에 따라 자본시장 구조를 대폭 개편했다. 각종 자유화 정책이 대표적이다. 이 과정에서 한국은 비교적 선진화된 금융체계를 갖췄고 외국인들의 투자도 크게 늘었다. 이는 한국 자본시장 발전에 크게 기여했지만 자본 유출입이 심해지면서 역설적으로 금융시장의 위험성을 대폭 키우고 말았다. 이에 따라 앞으로 환율 급등 현상이 벌어질 때마다 한국 경제는 큰 위기에 빠질 수 있어 항상 주의가 필요하다. (대처 방법은 5장에 소개)

결국 일정 범위 내 환율 상승은 반가운 일일 수 있지만 급등하는 것은 한국 경제가 불안하다는 신호일 수 있다. 다시 말하자면 환율은 그 나라의 화폐가치를 뜻하고 이는 그 나라 경제가 얼마나 건강한지를 나타내는 중요한 지표다. 국가 경제가 건강하고 잘 돌아갈 때는 자연스

럽게 다른 나라 화폐와 비교해 가치가 올라가고 이에 따라 환율은 하향 안정된다. 반면 경제가 불안하면 화폐가치가 떨어지고 이에 따라 환율은 급등한다. 그 나라 경제가 위험하다는 신호가 될 수 있는 것이다. 이렇게 되면 급격한 외국인 투자자금 이탈이 발생해 외환위기가 발생할 수 있다. 결국 지나친 환율 상승은 경제에 큰 독이 되므로 제어가 필요하다.

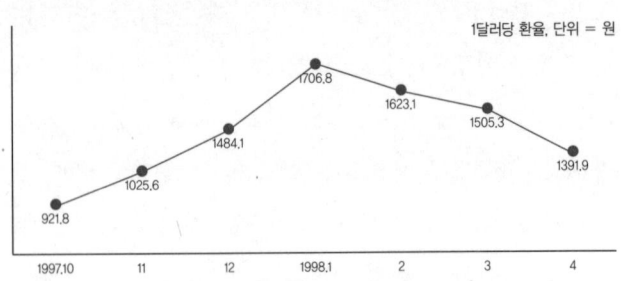

[그림3-3] **1997년 외환위기 당시 환율 오버슈팅**
＊자료 : 한국은행

tip.
해외에서 환율 따라 소비하는 법

해외에서 소비를 할 때도 환율에 대한 예상이 중요하다. 카드는 결제하면 3일 정도 후 대금이 확정돼 결제일에 빠져나간다. 이때 3일이라는 기간이 무척 중요하다. 3일간 환율이 오르고 내림에 따라 손해를 볼 수도 이익을 볼 수도 있기 때문이다. 예를 들어 100달러를 결제했는데 3일 사이 환율이 1,000원에서 1,100원으로 올랐다고 하자. 그러면 원화 환산 대금이 결제 시점에는 10만 원이지만 3일 후 승인 시점에서는 11만 원으로 오른다. 그리고 이 대금이 결제일에 빠져나간다.

따라서 환율 상승기에 해외에서 소비를 할 때는 카드를 사용하기보다 충분히 환전한 뒤 현금을 사용하는 것이 좋다. 특히 출국 전 환전을 미리 하는 것을 감안하면 이 같은 필요성은 더욱 커진다. 예를 들어 환율 상승기 2주일간의 여행을 할 때 출국 이틀 전에 환전했다면 이때 적용받는 환율과, 여행 말미 카드 사용 후 대금 확정 때 적용받는 환율 사이에는 큰 격차가 생길 수 있다.

반대로 환율 하락기에는 가급적 늦게 환율을 적용받을 수 있도록 신용카드를 이용하는 것이 좋다. 이때는 각종 수수료도 고려해야 한다. 환전 시 살 때는 비싸게, 팔 때는 싸게 환율이 적용된다. 예를 들어 시장에서 결정되는 기준 환율이 1,000원이라면 달러를 살 때는 달러당 1,050원을 내고, 팔 때는 달러당 950원만 받는 식이다.

신용카드를 사용할 때도 일종의 수수료가 붙는다. 다만 환전 때보다 수수료가 낮다. 기준환율이 1,000원인 상황에서 직접 환전할 때 달러당 1,050원이 적용된다면 카드 사용 시에는 1,030원으로 계산되는 식이다. 그런데 주거래은행에서는 환전 시 수수료 감면을 받을 수 있어 환전 수수료가 더 낮을 수도 있다. 자신에게 뭐가 유리한지 잘 따져야 한다.

카드를 사용할 때는 또 브랜드 사용료와 환가료를 내야 한다. 브랜드 사용료는 비자, 마스터, 아멕스 등 해외 네트워크를 사용하는 비용이다. 국내 카드사들은 해외 결제망이 없어 비자 등의 결제망을 빌리는데 그 이용료를 사용자가 낸다. 대략 결제 금액의 1% 수준이다. 환가료는 국내 카드사가 사용자에게 부과하는 비용이다. 국내 사용액에는 아무런 비용을 부과하지 않지만 해외 사용액에 대해서는 사용액의 0.5~1%를 수수료로 부과한다. 유지 측면에서 비용이 소요되기 때문이다. 환가료과 브랜드 사용료를 합하면 카드 해외 사용에는 최대 2%의 수수료가 붙게 된다.

이러한 수수료를 고려하면 환율이 올라가지 않더라도 별 움직임이 없거나 심지어 소폭 내려가는 경우에도 현금 사용이 더 나을 수 있다. 그런데 최근에는 카드 해외 사용액에 대해 최고 5%를 포인트로 주는 경우가 있으니 이를 잘 고려해야 한다.

이를 정리하면 환율이 오를 때는 현금이, 환율이 내려갈 때는 신용카드 사용이 유리하다. 환전 수수료 측면에서 신용카드 대금 결제 시 수수료가 환전 수수료보다 낮으나 수수료 우대를 생각하면 환전 수수료가 오히려 낮을 수 있다. 여기에 환가료 및 브랜드 사용료가 부가되는 것을 감안하면 전체적으로 신용카드 사용이 불리하다. 하지만 카드 사용액에 대해 많은 포인트가 쌓일 경우 카드 사용이 나을 수도 있다. 이를 잘 따져 유리한 것을 골라야 한다.

한편 해외 카드 사용 시 외국인 점원이 현지 통화 기준으로 결제할지, 원화 기준으로 결제할지 물어볼 때가 있는데 이때는 반드시 현지 통화로 결제해야 한다. 사용자에게 영수증상 원화 기준 금액을 보여 주는 과정에서 환전 절차를 거치면서 추가로 수수료가 징수되기 때문이다. 이 수수료 가운데 일부가 판매상에 떨어지다 보니 점원들은 원화 기준 결제를 유도하고 있다. 이때는 반드시 현지 통화를 기준으로 결제해야 한다.

Seven Days Master Series

step 4

환투자의 모든 것

숨통 조일 수 있는 안전장치, 선물환

잠시 수출기업 사장의 입장이 돼 보자.

미국에 100만 달러어치 제품을 수출하기로 했는데 대금은 6개월 뒤 들어온다. 현재 환율 1,000원으로 계산하면 10억 원의 매출을 올릴 수 있다. 그런데 환율이 어떻게 움직일지 종잡을 수 없다. 만일 환율이 1,500원으로 오르면 매출이 15억 원으로 오르니 다행이겠지만, 반대로 환율이 500원으로 떨어지면 매출이 5억 원으로 반토막이 난다. 내년 경영 계획을 짜거나 은행에서 돈을 빌리려면 우리 회사 매출이 얼마가 될지 정확하게 확정할 수 있어야 하는데 도통 확정할 수가 없다.

이 같은 고민을 덜어 주는 것이 '선물환'이다. 기업은 수익 기회와 손실 위기가 있을 때 수익 기회를 좇기보다는 손실 위기를 막는 데 더 관심을 둔다. 그래야 안정적인 경영을 할 수 있다. 때문에 6개월 뒤 15억 원의 매출을 올릴 기회를 탐색하기보다는 매출이 5억 원으로 반토막 나는 위험을 피하려 한다. 선물환은 기회를 없애는 대신 위험이 함께 사라지게 함으로써 안정적인 경영을 도와준다.

선물환 = 달러를 미리 파는 것

선물환의 원리는 간단하다. 한마디로 달러를 미리 파는 것이다. 구체적으로 누군가와 6개월 뒤 현재 환율로 100만 달러를 팔겠다는 계약을 체결해 두는 것을 의미한다. 보통 거래 상대방은 은행이다. 현재 환율이 1,000원이라면 6개월 뒤 환율이 어떻게 변화하든 달러당 1,000원에 100만 달러를 팔 수 있다. 정확히 10억 원을 확보할 수 있는 것이다.

6개월 후 환율이 1,500원이 됐다면 이 기업은 1,500원이 아닌 1,000원에 달러를 파는 것이니 달러당 500원의 '환차익'을 누릴 수 있는 기회를 상실한다. 하지만 환율이

500원이 되면 약속대로 달러당 1,000원에 팔아 달러당 500원의 손실을 볼 위험을 없앨 수 있다.

안정적인 경영을 선호하는 기업은 기회를 상실하는 이면에 위험을 없앨 수 있으니 이러한 거래를 적극적으로 하게 된다. 이처럼 정해진 시점 후 이뤄질 외환거래 계약을 미리 체결하는 것을 두고 '선물환'이라고 한다. 그리고 위험을 없애기 위해 선물환 거래를 하는 기업들의 행위를 환헤지(hedge)라 한다. 헤지는 위험을 피하기 위한 모든 노력을 의미한다. 여기에 '환'자가 붙으면서 환헤지는 환위험을 피하기 위한 노력을 의미하게 된다.

여기까지는 이해를 돕기 위해 최대한 단순하게 설명한 것이고 실제에서는 조금 다르게 거래가 이뤄진다. 첫째가 거래 방식이고 둘째가 계약환율과 관련한 내용이다.

우선 거래 방식에서 6개월 후 은행이 기업으로부터 100만 달러를 받으면 이 은행은 달러가 별 필요 없으니 바로 외환시장에 달러를 매각하게 된다. 이는 무척 번거롭기 때문에 은행은 기업으로부터 달러를 받는 것이 아니라 차익을 주고받는 식으로 거래를 한다.

예를 들어 A기업이 B은행과 달러당 1,000원에 100만 달러를 팔겠다는 계약을 한 상황에서 환율이 500원으로 떨어지면 B은행은 A기업으로부터 달러당 1,000원에 100만 달러를 사는 것이 아니라 계약환율과 실제환율과의 차이, 즉 달러당 1,000원과 500원의 차이를 원화로 지급한다.

이 예에서는 5억 원(500원×100만 달러)을 B은행이 A기업에 지급하게 된다. 그러면 A기업은 100만 달러를 외환시장에 팔아 5억 원을 마련해 총 10억 원을 안전하게 확보할 수 있다.

반대로 환율이 1,500원으로 오르면 A기업이 B은행에 달러당 1,500원과 계약환율 1,000원의 차이인 500원을 원화로 지급한다. 5억 원(500원×100만 달러)을 A기업이 B은행에 지급하게 되는 것이다. 언뜻 A기업이 손해 본다고 생각할 수 있지만, 현 시점에서 100만 달러를 1,500원의 환율로 외환시장에 팔면 15억 원을 확보할 수 있다. 이 가운데 B은행에 5억 원을 주고 나면 10억 원이 남으니 원래 예정했던 10억 원을 그대로 확보할 수 있다. 5억 원의 수익 기회를 날리는 것은 환율이 떨어졌을 때 손실을 볼 위험을 없앤 데 따른 결과다. 그리고 차액에 해당하는 원화를 주고받는 것은 거액의 달러가 오고 가는데 따른 거래의 불편을 없애기 위해서다.

둘째 내용인 계약환율과 관련해 앞선 예에서는 현재의 환율로 미래에 달러를 파는 계약을 한다고 설명했다. 하지만 선물환 계약에서는 현재 환율이 적용되는 것이 아니라 선물환 시장에서 별도로 책정되는 '선물환율'이 적용된다.

선물환 시장에서 A기업의 행위를 '선물환 매도'라 한다. 미래에 달러를 '팔겠다'고 하는 것이니 매도에 해당한다. 반면 B은행의 행위는 '선물환 매수'라 한다. 미리 달러를 팔겠다는 A기업의 행위를 받아 미래에 달러를 사 주겠다는 것이니 매수에 해당한다.

선물환 시장도 다른 시장처럼 매도세가 많을 때가 있고 반대로 매수세가 많을 때가 있다. 당연히 매도세가 많으면 가격이 떨어지고 매수세가 많으면 가격이 올라간다. 즉, A기업처럼 많은 기업이 선물환 매도세에 나서면 선물환의 시장가격인 선물환율은 떨어지고, 반면 B은행처럼 서로 선물환을 사겠다고 나서면 선물환의 시장가격인 선물환율은 오른다.

이러한 선물환율과 구분하기 위해 바로 오늘 달러를 사고 팔 때 적용되는 환율을 '현물환율'로 구분지어 부른다. 선물환율은 이러한 현물환율을 기준환율로 해 결정된다. 선물환 매수세와 매도세가 비등하면 선물환율은 현물환율과 거의 일치하고, 매도세가 매수세보다 많으면 선물환율이 떨어지면서 현물환율보다 낮게 형성된다. 반대로 선물환 매수세가 매도세보다 많으면 선물환율이 올라가면서 현물환율보다 높게 형성된다. 다만 그 차이는 크지 않다. 차이가 벌어지더라도 몇 십 원 정도다. 현재 환율이 1,000원이라면 선물환율은 대개 950~1,050원 사이에서 결정되고 이 가격에 따라 선물환 계약이 이뤄진다.

현물환율 하락으로 연결되는 선물환 매도

이 같은 선물환율은 앞으로 환율이 어떻게 될지 방향을 가늠해 볼 수 있는 중요한 지표로 활용할 수 있다. 예를 들어 현재 환율이 1,000원인데 선물환율이 이보다 낮은 980원이라면 앞으로 환율 하락을 예상해 선물환을 매도하는 기업이 많은 상황이다. 하지만 환율 상승을 예상하는 쪽은 별로 없어 선물환을 매수하는 세력은 별로 없으면서 선물환율이 떨어진 것이다. 공급은 많은데 수요가 부족하니 가격이 떨어지는 것은 당연하다. 이는 곧 시장에 환율이 상승하기보다 하락할 것이란 기대가 팽배하다는 뜻이 되고 이러한 예상에 따라 미래의 현물환율은 실제로 떨어질 가능성이 커진다. 따라서 선물환율이 현물환율보다 낮다면 앞으로 환율이 하락할 가능성이 높고, 반대로 선물환율이 현물환율보다 높다면 앞으로 환율이 상승할 가능성이 높다는 뜻으로 해석하면 된다.

선물환율의 움직임은 바로 지금 현물환율에도 영향을 준다. 선물환율이 올라간다는 것은 경제주체들 사이에 미래 환율이 올라갈 가능성이 크다는 기대가 많다는 뜻이고 이 같은 기대가 현재에 반영되면서 현물환율도 올려놓는 것이다. 반대로 선물환율이 내려간다는 것은 많은 경제주체들이 미래 환율이 내려갈 것이란 예상을 한다는 뜻이고 이 같은 기대가 현재에 반영되면서 현물환율도 내려간다.

이러한 시스템에 따라 환위험을 피하기 위한 기업들의 행위는 자주 스스로의 발목을 잡는 함정으로 돌변한다. 기업들이 미래 환율이 하락할 것으로 예상하면서 너도나도 선물환 매도에 나서면 이것이 선물환율을 떨어뜨리고 다시 현물환율까지 떨어지면서 환율 하락이 가속화되는 것이다. 이렇게 되면 기업들은 계속 싼 값에 선물환을 팔아야 하고 결국 원화로 환산한 수출대금이 지속적으로 감소하게 된다.

2008년 금융위기가 터지기 전까지 우리 경제 최대 고민거리 중 하나가 바로 이것이었다. 이에 따라 당시 정부는 환율 하락을 막기 위해 기업들에게 지나친 선물환 매도를 삼가 달라고 권고하기도 했다.

한편 수입업자들은 수출기업과는 반대로 선물환 거래를 한다. 수입업자들은 수출기업과는 반대로 환율이 상승하는 것을 두려워한다. 환율이 상승하면 원화로 환산한 수입 부담이 증가하기 때문이다. 이에 환율이 상승할 것으로 예상되면 '선물환 매수' 거래를 한다.

예를 들어 현재 선물환율이 1,000원인데 미래 현물환율이 1,500원으로 올라갈 것으로 예상되면 6개월 뒤 현재 선물환율로 100만 달러를 구입하겠다는 계약을 체결하는 식이다. 앞서 설명했듯 6개월 뒤 실제 1,000원에 100만 달러를 사는 것이 아니라, 실제 환율이 1,500원으로 오르면 계약환율 1,000원과의 차이인 500원을 달러당 원화로 받는다.

물론 선물환 매수 계약을 체결한 뒤 환율이 오르지 않고 반대로 1,000원에서 500원으로 내려갈 수도 있다. 그러면 원화 환산 수입 부담이 줄어들어 결과적으로 이익을 볼 수 있는 기회를 날리는 것이 된다. 하지만 이는 환율이 오를 때 생길 수 있는 위험을 피한 데 따른 대가로 감수해야 한다.

그런데 수입업자들은 환율이 상승할 것으로 예상돼도 이 같은 선물환 매수 계약을 잘 하지 않는다. 수입업자들은 독과점 기업이 많아 환율이 실제 올라 부담이 늘었다 하더라도 이를 시장가격에 반영해 소비자에게 전가시킬 수 있기 때문이다. 이보다는 환율이 오르지 않고 내려가 수입 부담이 줄면서 자기 이익을 극대화할 수 있는 수익 기회를 더 선호한다. 이에 수입업자들의 선물환 매수 계약은 수출기업의 선물환 거래처럼 활발하지 않다.

이는 다소 아쉬운 부분이다. 수출기업들이 선물환 매도를 할 때 한편에서 수입기업들이 원화 환산 수입대금을 확정하기 위해 선물환 매수를 해 주면 선물환율이 필요 이상으로 내려가는 것을 막을 수 있다. 즉, 수요 공급이 어느 정도 균형을 이루면서 공급 초과에 따른 가격 하락을 방지할 수 있다. 하지만 수입기업들의 선물환 매수는 활발하지 않고 결과적으로 수출기업들의 선물환 매도 거래만 활발하면서 환율 하락이 가속화될 때가 많다.

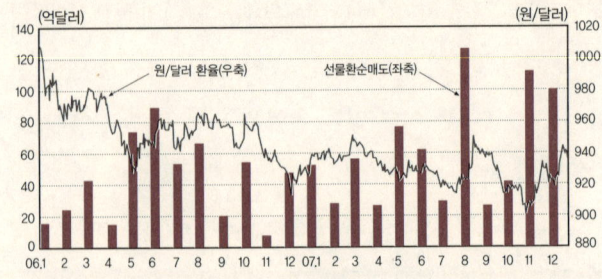

[그림4-1] 2006-2007 선물환 매도와 환율추이
*자료 : 한국은행

경상수지 흑자가 외채를 부른다?

 수입기업들이 선물환 매수를 거의 하지 않는 상황에서 수출기업들이 대량의 선물환 매도를 할 수 있는 것은 은행 때문이다. 은행들이 수출기업들의 선물환 매도를 지속적으로 받아 주면서 기업들이 계속 매도를 할 수 있다.
 그런데 여기서 한 가지 의문의 생긴다. 모두가 환율이 하락할 것으로 예상하는 상황에서 은행이 지속적으로 선물환 매수를 해 왔기 때문이다. 이렇게 되면 은행은 큰 손실을 봐야 한다. 그럼에도 은행들은 왜 선물환 매수를 해 온 것일까? 여기에는 외환시장과 은행의 건전성에 치명적인 독이 되는 요소가 숨어 있다.

외채 부르는 선물환 매도

한 예를 들어 보자. A은행이 B기업으로부터 1년 뒤 500만 달러를 달러당 1,000원에 사 주는 선물환 계약을 체결했다고 가정하자. 이렇게 하면 기업은 환율 하락에 따른 위험에서 벗어날 수 있지만 은행은 환율 하락 위험에 노출된다. 예를 들어 1년 뒤 달러당 환율이 1,000원에서 500원으로 떨어지면 A은행은 B기업에 달러당 1,000원과 500원의 차액인 500원을 원화로 지급해야 한다. 500만 달러어치를 계약했으니 25억 원을 기업에 지급해야 하다.

물론 반대로 환율이 오르면 A은행은 B기업으로부터 차액을 받아 수익을 누릴 수 있다. 하지만 환율이 상승할 가능성은 희박하고 환율이 하락할 가능성이 매우 높다면 A은행은 수익보다는 손실을 볼 가능성이 훨씬 크다.

그럼에도 은행이 자신 있게 선물환 매수를 해 주는 것은 '현물환 차입 및 매도' 전략 때문이다. A은행이 B기업으로부터 선물환을 매수하는 계약을 체결하는 동시에 미국 은행으로부터 현금 500만 달러를 빌렸다고 가정해 보자. 선물환을 산 금액만큼 달러를 빌리는 것이다. 그러면 이 은행은 지체하지 않고 이 달러를 시장에 내다판다. 선물환율과 현물환율에 거의 차이가 없다면 이 은행은 500만 달러를 달러당 1,000원에 시장에 매도해 50억 원을 확보할 수 있다. 그리고 이 은행은 50억 원을 1년간 다른 C기업에 빌려 준다.

그리고 1년이 지나 A은행이 B기업과 맺은 선물환 계약을 이행해야 하는 상황에서 환율이 500원으로 떨어졌다고 하자. 이때 이 은행은 C기업으로부터 50억 원을 상환받은 뒤 25억 원을 B기업에 지급한다. 계약환율 1,000원과 현재 환율 500원과의 차이인 500원을 500만 달러에 곱한 금액인 25억 원을 B기업에 지급하는 것이다.

그러면 25억 원이 남고 A은행은 이를 외환시장에서 현재 환율 500원에 따라 500만 달러로 바꾼다. 이는 미국 은행에서 빌린 500만 달러와 정확히 일치한다. 이후 미국 은행에 500만 달러를 갚으면 A은행은 모든 거래 관계를 종료시킬 수 있다.

결국 은행이 기업으로부터 선물환을 매수하면서 '현물환 차입 및 매도' 전략을 펴면 은행과 기업 모두 환율 하락 위험으로부터 벗어날 수 있다. 이 과정에서 A은행은 미국 은행으로부터 1년간 돈을 빌리는 대가로 이자를 지급해야 하지만 그 이상으로 B기업으로부터 수수료를 받으면 이익을 챙길 수 있다. B기업은 다소간의 수수료를 내더라도 환율 급락에 따른 위험에서 벗어날 수 있으니 수수료 지급 요구에 응하게 된다. 여기에 추가적으로 A은행이 빌려온 돈을 다른 기업에 빌려 주면 추가로 이자 수익까지 덤으로 챙길 수 있어 높은 수익을 누릴 수 있다.

이 같은 거래는 은행 입장에서 매력이 크다. 아무런 위험 부담 없이 수수료 수익과 이자 수익을 벌 수 있기 때문이다. 이에 은행들은 환율이 지속적으로 하락하는 상황에서도 선물환 매도를 받아 준다.

하지만 여기에는 엄청난 위험이 도사리고 있다. 경제가 균형으로부터 멀어지면서 파국으로 치닫는 것이다. 이에 따른 첫 번째 현상은 장기적인 환율의 하락이다. 기업들이 선물환을 팔면서 선물환율이 내려가고 이에 따라 현물환율이 내려가는 것이다. 이 같은 환율 하락은 기업들을 투기로 내몬다.

기업이 100만 달러어치 수출 계약을 체결했다면 진정한 환헤지를 하기 위해서는 100만 달러어치 선물환 매도 계약을 해야 한다. 그런데 일부 기업은 100만 달러 이상의 선물환 매도 계약을 체결한다. 예를 들어 보자.

6개월 뒤 100만 달러가 들어오는 수출기업이 1,000원의 선물환율에 200만 달러의 선물환 매도 계약을 체결했다. 6개월 뒤 환율이 500원으로 떨어지면 이 기업은 달러당 1,000원과 500원의 차액인 500원을 200만 달러 규모로 받을 수 있다. 우리 돈으로 10억 원에 이르는 돈이다.

이 기업이 당초 100만 달러에 해당하는 선물환 매도 계약을 체결했다면 차액인 500원을 100만 달러 규모로 받아 5억 원을 받아야 한다. 이후 100만 달러를 외환시장에 팔면 5억 원을 마련해 선물환 계약 시점의 환율로 계산한 10억 원의 수출대금을 확정지을 수 있다.

하지만 200만 달러 규모로 선물환 계약을 함으로써 은행으로부터 10억 원을 받고 수출대금 100만 달러를 외환시장에서 500원 환율로 환전해 5억 원을 만들어 총 15억 원을 만질 수 있다. 이는 당초 확정지으려 했던 10억 원보다 5억 원 많은 금액이다. 200만 달러 규모로 선물환 계약을 하면서 5억 원의 수익이 추가로 생기는 것이다. 이런 수익은 선물환 매도 계약이 클수록 커진다.

물론 은행은 이 같은 거래를 잘 받아 준다. 기업이 선물환 매도를 한 만큼의 금액을 외국에서 차입해 '현물환 차입 및 매도' 전략을 펴면 은행으로서는 아무런 위험이 없기 때문이다.

하지만 이는 금융위기가 터지자 기업들에게 큰 손실로 돌아왔다. 환율이 내리지 않고 오르면서 실제 환율과 계약환율과의 차액을 은행에 지급해야 할 상황에 처했기 때문이다. 환율이 1,500원으로 오르면서 1,000원과 차이인 500원을 달러당 은행에 지급하는 것이다. 예에서처럼 200만 달러 계약을 체결한다면 10억 원(500원×200만 달러)을 은행에 지급해야 한다. 이후 수출대금 100만 달러를 시장환율 1,500원에 환전하면 15억 원을 받을 수 있지만 여기서 10억 원을 제하면 남는 것은 5억 원에 불과해진다. 만일 수출대금인 100만 달러에 해당하는 계약만 체결했다면 은행에 달러당 500원을 100만 달러어치(5억 원)만 지급하면 돼 환전 후 받은 15억 원에서 5억 원을 제하고도 10억 원이 남아 원래 고정하려 했던 10억 원을 그대로 지킬 수 있지만 무리한 계약을 하면서 큰 손실을 보게 됐다. 이 같은 손실을 견디다 못해 도산한 기업들도 많다.

이런 상황에도 은행은 안전할 수 있다. 현물환 차입 및 매도 전략 때문이다. 은행이 1,000원의 선물환율로 200만 달러어치 선물환 계약을 해 주면서 200만 달러를 차입 후 바로 매도했다면 20억 원을 마련할 수 있다.

1년 후 환율이 1,500원으로 오르면 은행은 기업으로부터 10억 원을 받는다. 이후 20억 원과 10억 원을 합한 30억 원을 시장환율 1,500원으로 환전하면 200만 달러를 마련할 수 있고 이를 외국은행에 갚아 주면 모든 거래는 끝난다. 결국 환율이 올라도 은행에는 아무런 위험 부담이 없는 것이다.

하지만 전혀 문제가 없는 것이 아니었다. 환율이 상승하면서 일부 거액의 선물환 매도를 한 기업들이 은행에 물어줘야 할 돈을 지급하지 못하는 상황에 처한 것이다. 이에 따라 은행은 외국에 빌린 돈을 상환하기 위해 스스로 돈을 마련해야 할 상황에 처했다. 이는 당연히 손실로 남는다. 나아가 외국으로부터 지속적인 부채 상환 압박이 들어오면서 외화난에 시달리기도 했다.

도박으로 변질한 환헤지

금융위기 직전 선물환 매도 계약에 응하기 위한 과정에서 유입된 외채 문제는 심각했다. 2007년 기준 10월까지 경상수지는 53억 6,000만 달러 흑자를 기록했다. 기업들은 이 같은 흑자 이상으로 선물환을 매도했고 이에 맞춰 은행들이 단기외채를 끌어오면서 그해 1월부터 9월까지 9개월간 증가한 단기외채만 325억 달러에 달했다. 이에 따라 누적된 단기외채는 1,461억 3,000만 달러에 이르렀다. 경상수지 흑자로 돈을 벌었는데도 기업들이 무리한 선물환 매도를 하면서 은행들이 빚을 냈고, 이에 따라 흑자에도 불구하고 빚이 증가하는 역설적인 상황이 벌어진 것이다. 이후 금융위기가 터지면서 국내 은행들은 외국 은행들로부터 한 번에 부채 상환 압박을 받아야 했고 이는 경제에 큰 상처를 남겼다. 결국 과도한 선물환 계약이 기업과 은행을 함께 위기로 몰아넣은 것이다.

이 과정에서 '키코'라는 도박성 선물환 상품도 큰 문제를 일으켰다. 이는 기준환율을 정한 뒤 환율이 일정한 범위 내에서 움직이면 기업이 은행으로부터 약속한 금액을 받는 상품이다. 하지만 환율이 기준선 이하로 내려가면 계약은 무효가 된다. 반면 환율이 기준선 이상으로 올라가면 기업이 은행에 거액의 벌금을 내도록 돼 있다. 예를 들어 기준환율을 1,000원으로 설정한 뒤 환율이 950~1,050원 사이에서 움직이면 기업이 은행으로부터 달러당 100원을 받고, 반대로 환율이 950원 밑으로 떨어지면 계약이 무효가 된다. 하지만 환율이 1,050원 이상으로 올라가면 이때 환율과 1,050원의 차액의 3배를 기업이 은행에 지급하게 된다.(환율이 1,250원이라면 1,050원과의 차액인 200원의 3배인 600원을 달러당 지급한다.)

내용을 보면 무척 위험한 계약이다. 선물환의 존재 의의는 수출기업이 환율 하락 위험에서 벗어날 수 있도록 하는 데 있다. 그런데 키코 계약에서는 환율이 기준선 밑으로 떨어지면 아무런 보상을 받지 못하게 돼 있다. 반면 환율이 기준선 위로 올라가면 기업은 거액의 손실을 고스란히 입어야 한다. 그럼에도 기업들이 이런 계약에 뛰어든 것은 환율이 지속적으로 안정될 것으로 믿고 돈을 벌기 위해 모험을 했기 때문이다. 이 위험한 계약은 금융위기를 계기로 환율이 급등하면서 기업들에 큰 손실로 귀결되고 말았다. 이는 한때 사회 문제가 되기도 했다.

이러한 선물환 매도 계약의 위험성에 따라 현재는 거래가 잘 이뤄지지 않고 있다. 기업과 은행 모두 금융위기로 큰 어려움을 겪으면서 선물환 계약에 겁을 내고 있기 때문이다. 그래서 환율이 하향 안정세에 접어들었음에도 선물환 계약에 나서려는 기업이 많이 사라졌다. 설령 기업이 선물환 매도에 나선다 하더라도 은행들이 외채 증가를 우려해 잘 받아 주지 않고 있다.

금융위기 직후에는 해외 은행이 국내 은행에 달러를 빌려 주지 않은 영향이 컸다. 이에 따라 은행들은 '현물환 차입 후 매도' 전략을 펼 수 없었고 선물환 매도를 받아 주지 못했다. 이에 환율 급등 후 안정되는 상황이 명확했음에도 기업들은 선물환 매도를 하지 못했다. 당시 해외 은행들은 스스로 유동성 위기를 겪으면서 빌려 줄 여유가 없었던 데다 한국 상황을 불안하게 보았기 때문에 달러를 빌려 주지 않았다.

정부 규제도 한몫하고 있다. 금융당국은 위기 이후 기업들이 수출액의 100% 이상의 선물환 매도 계약을 체결할 수 없도록 했고, 은행들의 선물환 매수 물량도 제한했다. 이에 따라 선물환 거래는 많이 위축된 상태다.

여기에 환율이 하락세인 것은 맞지만 예전보다는 여전히 높은 수준이라 기업들이 필요성을 느끼지 못하고 있는 측면도 있다. 환율이 900원에서 1,500원까지 급등했다 1,200원으로 안정되는 상황이라면 1,500원에서 1,200원으로 내려갈 때는 선물환 매도를 해 두는 것이 낫다. 그러나 300원의 하락폭을 고려하더라도 900원 시절과 비교하면 여전히 달러당 300원의 이익을 볼 수 있기 때문에 필요성을 못 느껴 선물환 매도를 하지 않는 기업들이 많다.

이 밖에 주된 선물환 매도 세력은 조선업체들이었는데 금융위기를 계기로 배 수주가 급격히 줄면서 이들이 달러를 내놓지 못해 시장 전체적으로 선물환 매도 금액이 급격히 줄기도 했다.

하지만 이 같은 일이 너무 오래 지속되는 것 역시 바람직하지 못하다. 순수하게 헤징 측면에서 기업들이 선물환 계약을 할 필요성은 여전히 크기 때문이다. 때문에 시장을 다시 활성화하는 조치가 필요할 전망이다. 단, 이때는 헤징을 위한 목적에서만 거래가 이뤄져야 한다는 전제가 붙어야 한다.

비고	수치
투기성 거래기업 수	389개
투기거래금액(A)	136.6억 달러
전체 거래금액(B)	1458.5억 달러
비중(A/B)	9.4%

[그림4-2-1] **2006년 투기성 선물환 거래 동향**
*자료 : 한국은행

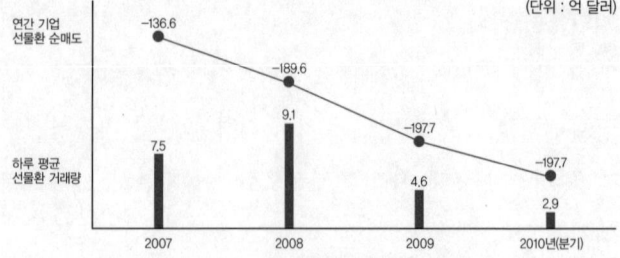

[그림4-2-2] **침체되는 선물환 거래**
*자료 : 금융감독원

step 4. 환투자의 모든 것

환투기는 반드시 나쁜 것일까?

 선물환 사례에서 보듯 환율은 투기적인 요소가 많이 숨어 있다. 이는 현물환 시장에서도 가능하다. 환율이 오를지 내릴지 예상을 한 후 특정 방향으로 베팅을 하면 이익을 볼 수도 손해를 볼 수도 있다. 즉, 현물환투자로도 수익 혹은 손실이 발생할 수 있다. 한 예를 들어 보자.

전 세계 외환거래의 97%는 투기성 거래

 A은행은 일주일 뒤 환율이 1,000원에서 1,200원으로 상승할 것이라 예상한다. 그럼 이 은행은 계속 달러를 사 모은다. 일주일에 걸쳐 100억 원을 투입해 1,000원의 환

율로 1,000만 달러를 사 모은다. 그리고 일주일 후 실제 환율이 1,200원으로 상승하면 이 은행은 1,000만 달러를 시장에 내다 판다. 이렇게 하면 120억 원을 확보할 수 있다. 일주일 사이에 20억 원을 벌어들이는 것이다.

반대로 B은행은 일주일 뒤 환율이 1,000원에서 800원으로 하락할 것이라 예상한다. 그럼 이 은행은 계속 달러를 팔아치운다. 일주일에 걸쳐 1,000만 달러를 1,000원의 환율에 팔아 100억 원을 확보한다. 그리고 일주일 후 실제 환율이 800원으로 떨어지자 이 은행은 100억 원을 이용해 800원 환율로 달러를 사들인다. 이렇게 하면 1,250만 달러를 확보할 수 있다. 일주일 사이에 250만 달러를 벌어들이는 것이다.

이처럼 환율의 움직임을 예상해 거래를 하면 거액을 벌 수 있다. 하지만 이는 예상이 틀리면 반대로 거액의 손실을 볼 수 있음을 의미한다. 환율이 1,000원에서 1,200원으로 상승할 것이라 예상해 100억 원을 투입해 1,000만 달러를 사 모았는데 반대로 환율이 800원으로 떨어지면 1,000만 달러의 가치는 80억 원에 불과해진다. 20억 원의 손실을 보는 것이다. 또 환율이 1,000원에서 800원으로 떨어질 것이라 예상해 1,000만 달러를 팔아

100억 원을 확보했는데 반대로 환율이 2,000원으로 오르면 100억 원의 달러 환산 가치는 500만 달러에 불과해진다. 500만 달러의 손실을 보는 것이다.

은행들은 이 같은 환투자에 적극 뛰어들고 있다. 각 은행 내부에 '딜링룸'이란 것을 만들어 전문적인 '외환딜러'를 고용해 환투자를 하고 있다.

하지만 이는 어찌 보면 투기에 가깝다. 특히 현실에서 환투자는 초단기로 이뤄질 때가 많다. 거액의 달러를 매수했다 환율이 오르면 몇 분, 심지어는 몇 초 만에 팔아치우기도 한다. 이때 예상이 빗나가면 큰 손실을 본다. 달러를 1,200원의 환율에 매입했는데 갑자기 환율이 1,000원 정도로 떨어지면서 다시는 1,200원의 환율로 복귀하지 않아 손실을 보는 식이다.

이런 점에서 환투자는 주식투자와 성격이 비슷하다. 쌀 때 사서 비쌀 때 팔면 큰 이익을 볼 수 있지만, 꼭지에서 샀는데 가격이 계속 떨어지더니 다시는 꼭지 수준으로 오르지 않는다면 큰 손실을 봐야 한다. 환투자는 또 '제로섬게임'의 성격을 갖고 있다. 즉, 누군가 돈을 벌었다면 다른 누군가는 손해를 봐야 한다. 이에 '돈 놓고 돈 먹는', 즉 내가 돈을 벌기 위해서는 누군가로부터 돈을 빼

앗아 와야 하는 비정한 투기장이 될 경우가 많다.

또 환투자는 자주 환율을 왜곡시킨다. 예를 들어 어떤 딜러가 환율 상승을 예상해 달러를 사 모으려고 하는데 모든 딜러가 이 같은 예상을 한다고 하자. 그러면 외환시장에서는 달러 매수세만 집결되면서 달러의 가격, 즉 환율 상승세를 더욱 배가시킬 수 있다. 만일 수출기업들이 수출대금을 원화로 바꾸고, 수입기업들이 수입대금을 마련하기 위해 달러를 사 모으는 실수요 거래만 있다면 환율 상승세는 훨씬 약화될 수 있다. 하지만 투기적 거래가 가세하면서 환율 상승세는 더욱 커지게 된다.

이 같은 투기적 외환 거래는 비단 한국만의 일이 아니다. 한 연구 결과에 따르면 2009년 전 세계 외환 거래량 800조 달러 가운데 97% 이상이 투기적 거래였다. 실물경제 필요상 거래되는 비율은 3%에 불과했던 것이다. 환율은 결국 실수요보다는 투기적인 힘에 의해 결정된다고 볼 수 있다.

이에 따르면 미국에서 시작된 미국발 금융위기에도 불구하고 달러가 강세를 띤 아이러니를 설명할 수 있다. 미국에서 금융위기가 발생했다면 미국의 화폐인 달러화의 가치는 떨어져야 하는 것이 맞다. 경제가 불안하니 이 경제에서 통용되는 화폐가치가 떨어져야 하는 것이다. 하지만 달러는 안전자산인데다 세계 최강대국의 화폐라, 그 가치가 다시 오를 것이란 예상이 확산되면서 달러를 미리 확보해 두자는 투기적 거래가 형성됐다. 이처럼 달러 수요가 늘면 달러 가격이 오르는 것은 당연하다. 결국 미국발 금융위기에도 불구 달러가치는 크게 오르고 말았다.

이에 많은 외환시장 전문가들은 환율이 어떻게 움직이는지 예상하려면 경상수지 등 외환 실수요를 살피기보다 투기적 거래가 어떻게 움직이는지 봐야 한다고 조언한다. 이는 시장에 큰 왜곡이 있음을 스스로 인정하는 것이다.

투기성 외환 거래의 이점

그런데 투기적 거래에 대해 반드시 비판적으로 볼 필요 없다는 견해도 있다. 규모를 키워 시장을 활성화시키기 때문이다. 만일 실수요에 의한 외환 거래만 있다면 외환 거래량은 극히 적을 수밖에 없다. 연구 결과대로 800조 달러 가운데 97% 이상이 투기적 거래라면 이 같은 거래가 없을 경우 외환시장 규모는 24조 달러에 불과해진다. 이처럼 시장이 쪼그라들면 약간의 자극으로도 시장은 큰 충격을 받을 수 있다. 특정 기업이 조금 많은 양의 수출 대금만 시장에 내놓아도 환율이 급격히 하락하는 등 충격이 발생할 수 있는 것이다. 하지만 투기적 거래로 인해 시장이 충분한 규모를 갖게 되면 일부 기업의 행위는 시장에 특별한 영향을 미칠 수 없고 이에 따라 외환시장은 역으로 안정될 수 있다. 즉, 외환시장 참가자들이 한쪽 방향으로 쏠리는 것만 제어할 수 있다면 이들이 충분한 시장 규모를 형성하도록 하는 것이 좋다. 그래야 외환시장을 안정시킬 수 있다.

한국에서 이 같은 필요성은 더욱 크다. 한국의 외환시장 규모는 '서울외국환중개' 등 중개 회사를 거쳐 은행끼리 거래하는 현물 거래 규모로 추산한다. 이 거래에서 시시각각 환율이 결정된다. 현재 시장 규모는 평시 하루 100억 달러에 못 미친다. 연간 8,000억 달러가 넘는 한국의 무역거래 규모를 감안하면 크게 부족한 수준이다.

특히 금융위기 이후 외환시장은 그나마 더 축소됐다. 2008년 2분기에 89억 8,000만 달러였던 시장 규모는 2008년 4분기에 38억 달러 수준까지로 급전 직하했다. 물론 이때는 금융위기라는 특수한 사정이 있었다. 서로 외환을 사려고만 하고 팔려는 사람은 없으니 외환거래가 얼어붙으면서 거래 규모가 줄었던 것이다. 하지만 현재도 금융위기 이전 수준까지 회복을 하지 못하고 있다.

이러한 상황이라면 일부 기업의 행위가 외환시장을 크게 출렁이게 할 수 있다. 수억 달러 수준인 일부 기업의 달러 매도에도 환율이 크게 하락하는 식이다. 또 환차익을 노린 외국 투기 세력의 공격에도 취약할 수 있다. 국내 투기 거래가 적으면서 외환시장 규모가 줄어들고 이에 따라 역으로 해외 투기 세력에 취약해지는 아이러니가 발생할 수 있는 것이다.

이에 시장 안정을 위해서라도 국내 세력 간 환거래는 장려할 필요가 있다. 주식 거래가 활성화되면서 주식시장이 활기를 띠고, 이에 따라 시장 자체가 발전하는 상황과 비슷하다고 생각하면 된다. 또 외환시장 규모의 확대는 우리 시장의 위상을 높여 원화의 국제화 및 외환시장 선진화에도 도움이 된다. 따라서 외환시장 규모는 지속적으로 키우는 것이 좋다. 다만 시장 참가자들이 쏠림 현상을 만들지 않도록 적절히 제어하는 노력이 반드시 수반돼야 한다.

한편 환투자, 환투기 등에 대해 자신과 먼 일이라고 생각하기 쉽지만 개인들도 얼마든지 이러한 거래 대열에 동

참할 수 있다. 금융사들은 환과 관련한 다양한 상품을 판매하고 있다. 대표적인 것이 해외펀드다. 해외펀드에 가입할 때는 선물환에 함께 가입할 수 있다. 앞으로 환율이 떨어질 것으로 예상될 때 선물환에 가입하는 경우가 많다. 예를 들어 환율이 1,000원일 때 1억 원을 미국 주요 기업 주식에 투자하는 펀드에 가입했다고 하자. 그러면 10만 달러로 환전돼 미국 주식에 투자된다. 그리고 미국 주가가 올라 1년 만에 10% 수익률을 올렸다고 하자. 펀드 잔액이 11만 달러로 증가하는 것이다. 그런데 이 기간 환율이 1,000원에서 500원으로 떨어지면 11만 달러의 가치는 5,500만 원에 불과해진다. 환율이 떨어지면서 원화 환산 수익률이 -45%로 곤두박질치는 것이다.

이 같은 상황에서 약간의 수수료를 내고 선물환에 가입해 놓으면 10%의 수익률을 그대로 지킬 수 있다. 하지만 이 전략은 환율이 상승할 때는 되레 수익률을 저하시키는 행위가 될 수 있다. 환율이 1,000원에서 1,500원으로 올랐다고 하자. 그럼 11만 달러의 원화 환산 가치는 1억 6,500만원에 이른다. 하지만 선물환에 가입한 상태라면 환율이 1,000원으로 고정되면서 원화 환산 가치가 1억 1,000만원에 머물면서 스스로 5,500만원의 수익 기회를 날리는 것이 된다.

따라서 해외펀드에 가입할 때는 앞으로 환율 움직임에 대해 정확히 예상을 한 후 신중히 판단해야 한다.

외화 통장을 통해서도 환투자를 할 수 있다. 외화 통장을 개설해 두면 필요에 따라 원화를 달러로 환전해 입금할 수 있다. 은행은 여기에 이자도 지급한다. 이런 통장을 갖고 있다가 앞으로 환율이 오를 것으로 예상될 경우 달러를 구입해 입금해 두면 좋다. 실제 환율이 오르면 환차익을 누릴 수 있다. 반대로 환율이 내려갈 것으로 예상될 경우 통장 잔액을 모두 원화로 바꿔 두면 된다. 추후 환율이 실제 떨어지면 원화를 달러로 환전한 후 입금해 외화 잔액을 키울 수 있다. 하지만 이 경우에도 예상이 엇나가면 손실을 볼 수 있어 주의가 필요하다.

환율은 우리와 먼 얘기가 아니다. 하다못해 외국 여행을 가더라도 언제 환전하느냐에 따라 이익을 볼 수도 손실을 볼 수도 있다. 앞으로 환율이 계속 오를 것 같으면 미리 환전을 해 좀 더 많은 외화를 확보할 수 있지만, 예상이 엇나갈 경우 괜히 비싼 값에 외화를 산 격이 된다. 결국 환율에 대한 예상을 한 후 경제활동을 하는 것은 무척 중요하다. 우리가 환율에 대해 좀 더 관심을 가져야 하는 이유가 바로 여기에 있다.

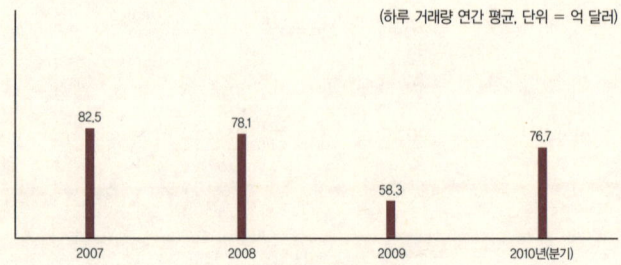

[그림4-3] **은행간 외환(현물환) 거래 추이**
＊자료 : 한국은행

Seven Days Master Series

step 5

환율 안정을 위한 환율 정책

창고가 꽉 찼는데
한국은행이 울상 짓는 이유

앞서 살펴봤듯 환율은 너무 높지도 낮지도 않은 적정 수준을 유지하는 것이 중요하다. 그래야 경제가 안정적으로 유지될 수 있다. 정부와 한국은행은 환율이 적정 수준을 유지할 수 있도록 다양한 정책을 구사한다. 우선 중앙은행인 한국은행의 역할부터 알아보자.

한은의 힘, 외환보유고

한국은행이 외환시장을 안정시킬 수 있는 힘은 '외환보유고'에서 나온다. 외환보유고는 말 그대로 한국은행이 보유한 외환의 크기다. 한국은행은 국내로 외환이 유입되면 이를 흡수해 외환보유고로 쌓아 둔다.

구체적으로 수출기업이 수출대금을 받으면 이 가운데 일부는 자체 보관하고 대부분은 은행을 통해 환전한다. 그래야 인건비나 재료비 등을 충당할 수 있다. 은행은 이렇게 모은 달러 가운데 일부는 자체 보관하고 나머지는 다시 외환시장에 풀게 된다. 필요 이상의 달러를 갖고 있을 필요가 없기 때문이다. 이렇게 외환시장에 달러가 많이 풀리면 환율이 하락할 가능성이 커진다.

이때 한국은행이 나선다. 외환시장에 개입해 달러를 사들이는 것이다. 그러면 시중에 달러 유통량이 줄어 환율 하락세가 진정된다. 이후 한은은 사들인 달러를 외환보유고로 쌓게 된다. 경상수지나 자본수지가 흑자를 기록해 국내에 유입되는 달러 양이 증가하면 이 같은 과정을 거쳐 외환보유고가 커지게 된다.

한국은행은 보관해 둔 달러를 환율이 지나치게 오를 때 사용한다. 외환시장에 달러가 부족해 환율이 오르면 외환보유고로 갖고 있는 달러를 시장에 팔아 달러 공급을 늘리는 것이다. 그러면 시중에 달러 유통량이 늘면서 환율 상승세가 진정된다.

외환보유고는 경제가 위기에 빠질 때 그 힘이 가장 강

력하게 발휘된다. 평소 충분한 외화를 쌓아 두고 있으면 경제에 어려움이 생겨 환율이 아무리 급등해도 엄청난 양의 외화를 시장에 공급함으로써 환율을 안정시킬 수 있기 때문이다.

이에 따라 관련법은 한국은행이 최소 3개월 수출입액 합계에 해당하는 금액을 외환보유고로 확보해야 한다고 규정하고 있다. 이에 대해 한국 경제가 갖고 있는 유동부채 합계(1년 내 만기가 돌아오는 모든 외채) 수준으로 확대해야 한다는 지적이 있다. 그러면 최악의 상황에서 1년 내 만기가 돌아오는 모든 외채를 한은이 은행과 기업을 대신해 갚아 줄 수 있다. 현재 이 같은 기준을 충족시키고 있다.

한편 외환보유고는 무조건 많을수록 좋다는 시각이 있다. 언제 올지 모르는 위기에 대비하기 위해 가급적 많은 외화를 쌓아 두고 있어야 한다는 설명이다. 과거 한국 경제 경험은 이 같은 주장을 증명한다. 1997년 IMF 구제금융 사태는 외환보유고가 바닥나 발생했고, 2008년에도 리먼브러더스 파산 이후 3개월 만에 외환보유고가 1,000억 달러나 감소하면서 외환위기 목전까지 갔다. 당시 은행들은 해외에서 부채 상환 요구가 들어오자 한은을 향해 달러를 공급해 달라고 요청했고 이러한 요구에 일일이 응하다 보니 외환보유고가 급속도로 감소했다. 하지만 외환보유고에는 한계가 있어 언제까지나 이러한 요구에 응할 수는 없고 언제든지 바닥날 수 있다. 이에 평소 충분한 양의 외환보유고를 확보하고 있어야 한다는 주장이 많다.

다다익선? 많으면 오히려 독 될 수도

하지만 지나치게 많은 외환보유고는 경제에 오히려 짐이 될 수 있다. 이는 유동성 증대 효과 때문이다. 한은이 시장에서 계속 달러를 사들이다 보면 반대편에서는 여기에 상응하는 원화가 풀린다. 환율에 따라 원화를 주고 달러를 사 가기 때문이다. 이에 한은이 지나치게 많은 외화를 흡수하면 반대편에서 막대한 양의 원화가 풀리게 된다. 이는 물가 상승, 부동산 가격 상승 등 여러 부작용을 가져올 수 있다.

만일 한국은행이 환율 안정을 추구하지 않고 달러 유통을 내버려두면 달러 수급 변화에·따라 환율에는 큰 변화가 생기겠지만, 환율 안정을 위해 외환보유고를 키우는 과정에서 달러 대신 원화가 공급되는 일은 벌어지지 않는다. 그럼 물가 상승을 막을 수 있다. 결국 한국은행이 물가와 환율 안정이라는 두 가지 일을 동시에 하기란 무척 어려운 일이다. 따라서 정책적으로 환율을 안정시키고 이를 위해 외환보유고를 키우는 것이 필요하다고 판단되면 물가 상승은 어느 정도 감수해야 한다.

물론 한은은 이 같은 상황을 완전히 방치하지는 않는다. '통화안정증권'이란 이름의 채권을 발행하는 노력이 대표적이다. 한은이 통화안정증권을 발행해 시중에 판매하면 투자자들은 한은에 돈을 내고 채권을 사 간다. 그러면 한은에 돈을 내는 만큼 시중 유동성이 한은으로 흡수되는 효과가 있다. 한은이 외환보유고로 달러가 흡수되면서 풀리는 만큼의 원화를 통화안정증권을 통해 다시 흡수하면 환율 안정 대가로 유동성이 늘면서 물가가 오르는 것을 막을 수 있다.

이는 무척 합리적인 방안으로 보인다. 환율 안정의 부작용을 완전히 해소하는 것처럼 보이기 때문이다. 하지만 여기에는 치명적인 약점이 있다. 바로 이자다. 투자자들은 통화안정증권을 그냥 구입하지 않는다. 한은이 제공하는 이자 조건을 보고 구입한다. 결국 한은이 통안증권을 판매해 유동성을 흡수하기 위해서는 이자를 지급해야 하고 이는 한은에 큰 부담으로 작용한다.

한은은 2006년 말 기준 155조 2,350억 원어치의 통안증권을 누적 발행해 2006년 한 해에만 6조 1,440억 원의 이자를 지급했다. 연간 6조 원이 넘는 이자는 한은에 큰 부담이다. 그리고 이 같은 이자 자체가 시중 유동성을 키운다. 이를 막기 위해 한은은 추가로 통안증권을 발행해 이자로 풀리는 유동성까지 흡수해야 하는데, 이에 따라 통안증권 발행량이 지속적으로 늘면서 이자 부담도 계속 커지는 악순환이 벌어질 수 있다.

이처럼 통안증권 이자 부담이 너무 커지면 한은은 통안증권 발행에 부담을 느껴 외환보유고를 쌓는 과정에서 풀리는 원화를 충분히 흡수할 수 없고 이에 따라 물가 상승 등 부작용이 발생한다. 그리고 이 같은 일이 심화되면 종국에는 물가 상승을 우려해 외환보유고를 더 이상 쌓기 어려워진다. 결국 외환보유고는 한은이 달러를 흡수하는 과정에서 원화가 풀려 물가 상승이란 부작용을 낳는 만큼, 무조건 많이 쌓는 것이 좋다고 할 수 없다. 또 현실적으로 계속 쌓기도 어렵다.

외환보유고 관리의 어려움은 운용에서도 나온다. 한은은 외환보유고로 쌓은 달러를 말 그대로 창고에 쌓아 두지 않는다. 투자를 한다. 그래야 운용 수익을 통해 외환보유고를 늘리면서 외환보유고 관리 비용도 충당할 수 있기 때문이다.

그런데 외환보유고가 지나치게 많아지면 운용에 애를 먹을 수 있다. 기왕 많은 외환을 확보했다면 이를 잘 운용해 수익을 내야 하는데 규모가 커지면 이것이 어려워진다.

실제 한국은행의 외환보유고 운용은 미국 국채에 투자하는 정도에 그치고 있다. 미국 국채는 미국 정부가 부도를 내지 않는 한 떼일 염려가 없는 지구상에서 가장 안전한 자산이다. 하지만 그 이면에 수익률은 극히 낮다. 안전한 만큼 수익률은 떨어지는 것이다. 심지어 물가 상승률조차 벌충하지 못한다. 물가가 상승하는 만큼 화폐가치가 떨어지는 것을 감안하면 외환보유고의 실질 가치는 시간이 지날수록 떨어지고 있다는 뜻이 된다.

그렇다고 외환보유고로 다른 나라의 주식, 부동산, 회사채 등에 투자하는 것도 어렵다. 큰 손실이 날 수 있는데다 경제위기가 발생하면 재빨리 현금화해 이를 국내 외환시장에 풀어야 하는데 미국 국채를 제외한 다른 자산은 현금화하기에 불편한 점이 많기 때문이다. 결국 무작정 고수익 고위험 자산에 투자하는 것은 어렵다.

한국은행은 이를 보완하기 위해 정부가 설립한 한국투자공사(KIC)에 200억 달러를 맡겨 운용을 대행시키고 있다. 직접 고위험 자산에 투자할 수 없으니 투자 의뢰라도 하는 것이다. 하지만 KIC가 금융위기 직전 투자은행 메릴린치에 투자했다 거액의 손실을 보는 등 순조롭게 진행되지 않고 있다. 한국투자공사처럼 외환보유고를 바탕으로 국제적 투자를 하는 기관을 '국부펀드'라 한다.

한국의 외환보유고는 2010년 3월 기준 2,723억 3,000만 달러로 세계 6위에 해당한다. 한국보다 앞선 나라는 중국, 일본, 러시아, 대만, 인도 등이다. 러시아를 제외하면 모두 아시아 국가들이다.

이와 관련 외환보유고 가운데 금 보유를 늘려야 한다는 지적도 있다. 세계금위원회(WGC)가 최근 집계한 바에 따르면 한국이 보유한 금은 2010년 기준 14.4t으로 조사 대상 113개국 중 57위에 불과하다. 증가 추이를 보면 2009년보다 0.1t 증가했지만 순위는 오히려 56위에서 한 계단 밀렸다. 외환보유고가 세계 6위에 해당함을 감안하면 턱없이 부족한 수치다.

금은 달러 이상으로 전 세계에서 통용되는 안전자산인

데다 갈수록 공급량이 줄면서 지속적으로 가격이 오르는 특성이 있다. 이에 금 보유를 늘리면 외환보유고 운용 수익률을 대폭 높일 수 있을 것으로 보인다. 특히 금은 언제나 현금화할 수도 있다.

세계에서 금 보유량이 가장 많은 나라는 미국으로 8,133.5t에 달한다. 한국보다 566배나 많다. 달러를 발행하는 미국은 달러 이외의 통화를 외환보유고로 갖고 있는데 이 가운데 70.4%를 금으로 운용하고 있다. 이어 독일(3,406.8t), 국제통화기금(3,005.3t), 이탈리아(2,451.8t), 프랑스(2,435.4t), 중국(1,054.1t), 스위스(1,040.1t) 등도 많은 금을 갖고 있다.

한국보다 경제력이 뒤처지는 아시아권 국가들도 많은 금을 보유하고 있다. 대만은 전체 외환 보유액의 4.1%인 423.6t의 금을 보유해 세계 13위를 지키고 있으며 필리핀(154.4t, 22위), 싱가포르(127.4t, 25위), 태국(84t, 33위), 인도네시아(73.1t, 37위), 파키스탄(65.4t, 40위), 말레이시아(36.4t, 45위) 등도 한국보다 많은 금을 갖고 있다. 앞으로 한국도 금에 좀 더 투자를 해야 할 것으로 보인다.

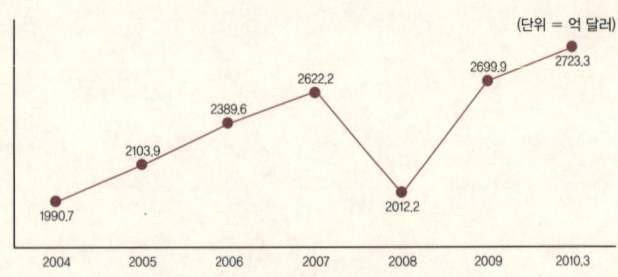

[그림5-1] **한국은행 외환보유고 추이**
*자료 : 한국은행

step 5. 환율 안정을 위한 환율 정책

정부가 6조 원의 손실을 내고도 떳떳했던 이유

 한국은행 외에 정부도 외환보유고와 비슷한 곳간을 갖고 있다. 이를 '외국환평형기금'이라 한다. 외국환평형기금은 정부가 환율의 급등락을 막기 위해 조성한 기금을 의미한다. 이는 원화 계정과 달러화 계정으로 구분된다.

 외환시장에 달러가 지속적으로 유입되면서 환율이 급격히 하락하는 상황이라면 정부는 원화 계정에 있는 원화를 통해 달러를 사들인다. 이때 사들인 달러는 달러화 계정으로 채워 둔다. 반대로 외환시장에 달러가 부족해 환율 상승세가 심각한 상황이라면 정부는 달러화 계정에 들어 있는 달러를 시장에 풀고 원화를 흡수한다. 이렇게 하면 환율 상승세를 막을 수 있다.

외평채 발행해 외환시장 안정기금 적립

그런데 이런 식으로 달러 기금과 원화 기금을 채우는 데는 한계가 있다. 그래서 정부는 채권을 발행해 기금을 충분히 확보해 둔다. 외국에서 달러 표시 채권을 발행해 달러를 흡수한 뒤 달러 계정을 채우고, 국내에서는 원화 표시 채권을 발행해 원화 계정을 채우는 식이다.

이러한 목적으로 발행되는 채권을 '외국환평형기금채권'이라 한다. 줄여서 외평채라 한다. 정부는 수시로 외평채를 발행한다. 특히 경제에 위기 상황이 오면 외평채를 대거 발행한다. 예를 들어 외환이 무척 부족해 외환 위기가 벌어질 수 있는 상황이라면 해외에서 달러 표시 외평채를 발행해 달러를 구한 뒤 이를 기금으로 흡수한 다음 외환시장에 푸는 식이다.

외평채도 채권인 만큼 이자가 붙는다. 외평채 금리는 리보(LIBOR)를 기준으로 결정된다. 리보란 런던 중앙은행의 기준금리를 의미한다. 이 금리를 기반으로 추가 금리가 붙는데 이를 '외평채 가산금리'라 한다. 한국 정부 채권은 외국인이 보기에 어느 정도 위험성이 있어 꽤 높은 가산금리가 붙는다. 예를 들어 외평채 가산금리가 4%고 리보가 3%라면 최종적인 외평채 금리는 7%가 된다.

외평채 가산금리는 우리나라의 경제 상황에 따라 달라진다. 경제가 매우 안정적이라면 외국인들은 한국 정부가 발행한 채권도 안전하게 보고 구입을 늘리려 한다. 이처럼 수요가 몰리면 외평채의 가치가 올라간다. 즉, 이자를 덜 줘도 외국인이 외평채를 구입할 수 있도록 할 수 있다. 이에 외평채 가산 금리가 내려간다.

반면 한국 경제가 매우 불안하면 외국인들은 한국 정부가 발행하는 채권 구입을 꺼리게 된다. 그럼에도 구입하도록 만들기 위해서는 높은 이자를 줘야 한다. 결국 외평채 가산금리가 오른다.

최근 외평채 가산금리 추이를 보면 2008년 말 글로벌 금융위기 여파로 제2의 외환위기가 닥칠 수 있다는 우려가 확산되면서 한때 10% 포인트에 육박한 적이 있다. 리보금리에 이 금리를 더해 줘야 겨우 외국인에게 팔 수 있다는 의미다. 이 정도면 거의 투기등급의 채권에 해당한다. 이처럼 외평채 가산금리는 경제 상황에 매우 민감하게 반응해 해당 경제가 얼마나 안전한지를 보여 주는 주요 지표 중 하나로 사용된다.

한국의 외평채 가산금리는 위기가 터질 때면 매우 급격하게 높이 오르는 경향이 있다. 주요 선진국은 물론 인도네시아, 말레이시아 등 개도국보다 높아지기도 한다. 외국인들이 한국의 외평채에 대해 개도국 외평채보다 불안하게 보는 것으로 해석할 수 있다. 과거 외환위기를 겪은 데다 여전히 외채를 많이 지고 있어 언제든 위기가 재발할 수 있다는 염려가 표출되는 것으로 풀이할 수 있다. 하지만 이보다는 개도국에 비해 시장 개방도가 높고 외국인 투자가 많아 위기가 발생하면 달러 유출 금액이 매우 커지기 때문으로 해석하는 것이 좋다. 투자가 많이 된 만큼 위기 시 빠져나가는 충격도 커 불안 심리도 커지는 것이다. 이에 따라 경제 체력에 비해 지나치게 가산금리가 올라가는 경향이 있다.

 2010년 4월 현재 한국 외평채 가산금리는 2014년 9월 만기가 돌아오는 외평채 기준 0.75% 포인트에 불과하다. 리보에 이 정도 금리를 덧붙이면 외평채를 발행하면 판매할 수 있다는 의미로, 그만큼 안정돼 있다고 할 수 있다. 개도국은 물론 웬만한 선진국보다 낮은 수준으로 안정성을 높이 평가받고 있다는 뜻이 된다. 외평채는 한번 외국인 투자가에게 판매되면 최초 구입자가 이를 다시 제3자에게 넘기는 등 자기들끼리 소유권을 넘기는 거래를 하는데 이 과정에서 가산금리가 재평가되면서 매일 수치가 발표된다.

한편 외평채 가산금리를 표현할 때 'bp'라는 표현이 자주 등장하는데 이는 베이시스포인트(Basis Point)의 줄임말로 0.01%포인트를 의미한다. 이에 0.75%포인트는 75bp가 된다. %포인트로 표시하면 소수점 이하로 수치가 나타나면서 사용하기 불편해 투자자 사이에서는 bp가 널리 쓰인다.

외평채에 금리가 적용된다는 것은 곧 이를 구입한 투자자에게 정기적으로 이자를 지급해야 한다는 것을 의미한다. 이는 국가 재정에 큰 부담이 될 수 있고 이자 지급 방식으로 외화가 유출된다는 점에서 최소화하는 것이 좋다. 때문에 정부는 특별한 일이 없으면 외평채 발행을 가급적 삼간다. 글로벌 금융위기 이후 정부는 국내 외환 부족 상황이 심각해지자 30억 달러를 긴급 발행한 뒤 아직까지 발행하지 않고 있다. 앞으로 발행하더라도 만기가 돌아오는 기존 외평채를 상환하기 위한 용도에 그칠 전망이다. 즉, 만기가 돌아오는 외평채를 외평 기금으로 상환하면 외평 기금 자체가 줄어들어, 외평 기금을 현 수준으로 유지하기 위해 기존 외평채를 상환하기 위한 용도로 새 외평채를 판매하는 정도의 발행만 있을 전망이다. 이를 위해 정부는 매년 발행 한도를 새로 설정한다. 2010년 발행 한도는 20억 달러이며, 이 한도 내에서 발행할지 말지는 정부 재량이다. 다만 다시 경제에 위험 상황이 발생하면 외환 확보 목적의 외평채는 언제든지 재개될 수 있다.

한편 정부 시장 개입은 시장 참가자들의 심리를 통해 영향력이 배가된다. 예를 들어 환율이 급락하고 있을 때 정부가 시장에서 달러를 사들이면 앞으로 환율 하락세가 진정될 것이란 기대가 퍼지면서 달러 매도세가 완화되는 식이다. 달러가치가 오름세로 전환되면 달러를 파는 것보다 사는 게 이익이기 때문이다. 이를 위해서는 정부가 지속적으로 개입할 것이란 신호를 주는 것이 중요하다. 개입이 일회성에 그치면 효과는 제한적이다. 그렇지 않고 지속적으로 달러를 사들이면 정부 매수세가 시장의 한 축을 형성하면서 환율이 안정될 것이란 기대를 만들 수 있다. 하지만 시장의 힘이 너무 한쪽으로 쏠려 있으면 개입 효과는 미풍에 그칠 수 있다. 예를 들어 달러가 부족해 환율이 급등할 경우 정부가 시장에 지속적으로 달러를 공급해야 시장이 안정되는데, 이를 위해서는 정부 외환 보유량이 충분해야 한다. 부족할 경우 해외에서 채권을 발행해 추가 조달할 수 있지만 수량에 한계가 있다. 결국 달러가 부족해 정부 개입이 한계에 부닥칠 것이란 예상이 생기면 환율은 오히려 급등할 수 있다. 정부 달러 보유량까지 바닥이 나 버리면 시장 전체적으로 품귀 현상이 극심해질 것으로 예측할 수 있기 때문이다. 따라서 정부의 개입은 적절한 시장에 대한 신호와 확실한 뒷받침이 있을 때 힘을 발휘할 수 있다.

정부의 선물환 거래

이와 관련하여 정부는 환율 완정을 위해 외평기금을 활용해 선물환 거래도 한다. 이때 정부는 은행과 거래하는 기업과 달리 외국인 투자가와 거래를 하는데, 국내에서 거래하지 않고 외국에서 거래한다. 정부가 참여하는 선물환 시장은 해외에서 거래가 이뤄진다는 뜻에서 '역외' 시장이라고 불린다. 그리고 이때 투자하는 선물환은 역외차액선물환(NDF)이라 부른다.

정부가 역외선물환 거래를 하는 것은 환율 하락이 문제 될 경우 이 같은 속도를 진정시키기 위해서다. 정부가 역외선물환을 매입함으로써 선물환율을 올리고 이 영향으로 현물환율까지 끌어올리려 하는 것이다.

이러한 거래가 대량으로 이뤄진 일이 있었다. 2003년 12월부터 이듬해 6월까지 이뤄진 NDF 거래였다. 당시 정부는 400억 달러어치에 이르는 역외선물환을 매입했다. 당시 계약 환율은 달러당 1,250원이었다.

이 계약에 따르면 거래 시점에서 환율이 1,250원보다 낮을 경우 큰 손해를 봐야 했다. 예를 들어 환율이 달러당 1,000원으로 떨어지면 달러당 1,250원과 1,000원의 차이인 250원을 외국인에게 지급해야 했다. 이때는 외국인에게 지급하는 것이므로 해당 금액을 달러로 환산해 지급하게 된다. 이런 측면에서 정부의 선물환 매입은 도박과 같았다.

당시 정부가 선물환을 매입한 이후 정부 의도와는 반대로 거짓말처럼 환율은 떨어지기 시작했다. 결국 환율은 900원대까지 추락했다. 이 과정에서 기간별로 거래가 계속 실현되면서 정부는 2004년 2조 1,610억 원의 손실을 입었고 2005년에는 7,246억 원의 손해를 봤다. 이후에도 손실은 계속 발생해 정부는 NDF 거래로 총 6조 원 이상의 손실을 낸 것으로 추산됐다. 정부의 손실은 당연히 국민 부담으로 돌아왔다.

이 같은 손실에 대해 당시 재정경제부는 환율 안정 노력을 하다 발생한 어쩔 수 없는 일이라고 해명했다. 실제 정부가 외평기금을 통해 직접 달러를 시장에서 사들이는 데에는 한계가 있다. 재원이 한정돼 있기 때문이다. 이때 선물환 매입을 하면 개입 효과를 키울 수 있다. 선물환 매입을 하기 위해서는 전체 계약금액의 10%만 증거금으로 마련하면 된다. 2003년 당시 정부는 40억 달러의 증거금으로 400억 달러어치 선물환 계약을 했다. 이는 곧 40억 달러만으로 400억 달러의 개입 효과를 내려고 했다는 뜻이 된다.

 정부는 이 정도 개입이면 선물환율을 끌어올려 현물환율도 끌어올릴 수 있을 것으로 판단했다. 하지만 이 정도 개입으로는 턱도 없었다. 경상수지 흑자 누적과 은행의 단기 차입 급증에 따라 달러가 물밀 듯이 밀려들어오면서 환율이 지속적으로 하락했기 때문이다. 결국 정부는 제대로 된 개입 효과를 내지 못한 채 큰 손실만 봐야 했다.

 당시 이러한 손실을 두고 비판이 많았다. 환율 안정이란 대의를 인정한다 하더라도 정부가 위험성이 크게 내재된 선물환 시장에 무리하게 뛰어들면서 거액의 손실을 냈기 때문이다. 하지만 정책 판단에 대해 처벌을 내리기 어렵다는 이유로 당시 손실은 논의만 무성한 채 그냥 넘어갔다.

정부의 NDF 손실 해프닝은 정부가 환율 하락을 얼마나 싫어하는지를 단적으로 보여 준다. 환율이 하락하면 수출이 줄고 기업 수익성이 악화돼 경제도 침체에 빠진다는 것이 정부 당국자들의 확고한 믿음이다. 심지어 2008년 글로벌 경제위기 영향으로 환율 급등이 문제 되던 시절에도 당장 위기만 넘길 수 있다면 고환율 자체는 문제될 것이 없다는 게 당국자들의 판단이었다. 이에 위기가 어느 정도 진정된 후 환율이 다시 안정 수준으로 돌아가는 과정에서 당국자들은 환율이 너무 높지는 않되 이전 수준보다는 높은 수준을 유지할 수 있도록 정책적 노력을 했다. 실제 삼성전자, 현대자동차 같은 글로벌 기업들은 이 혜택을 입어 수출이 늘고 수익성이 개선되는 효과를 누리기도 했다.

하지만 이에 대해 비판하는 전문가들도 많다. 정부가 무리하게 환율을 조작해서는 안 된다는 것이다. 즉, 환율은 시장 흐름에 맡겨야 하며 무리한 조작을 하려 들면 2003년 NDF 손실처럼 큰 상처만 남길 수 있다는 지적이다. 실제 리먼 브러더스 파산으로 금융위기가 본격화되기 전인 2008년 중반까지 정부는 지속적으로 고환율 정책을 폈는데 이 상황에서 금융위기가 터지면서 환율 급등을 더욱 부추기는 결과를 낳아 경제를 더 큰 충격으로 빠트리기도 했다. 결국 정부가 환율 설정에 개입하는 것이 옳은가에 대해서는 여전히 논란거리로 남아 있다.

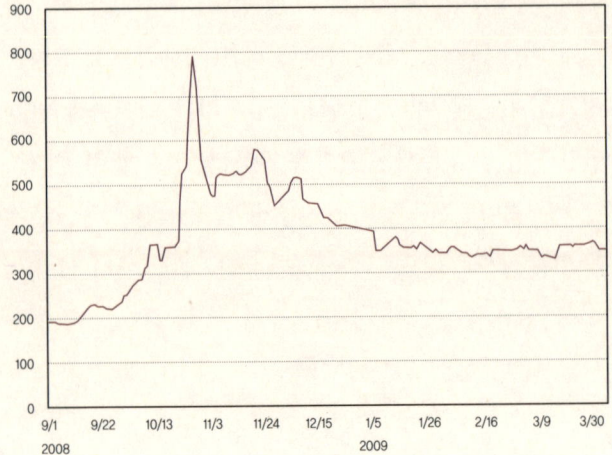

[그림5-2] 글로벌 금융위기 기간 한국 외평채 가산금리 추이
*자료 : 국제금융센터

step 5. 환율 안정을 위한 환율 정책

은행들의 외화난을 해소하라

환율 관리만큼 중요한 것이 외화유동성 관리다. 외화유동성은 2장에서 살펴봤듯 국내 외환시장 안정을 위한 필수 조건이다. 금융위기 직전 한국은 제대로 외화유동성 관리가 되지 않아 큰 고초를 겪었다.

그 결과 한국은 외국에 비해 매우 큰 환율 변동을 경험해야 했다. 금융위기 기간 원화는 남아공, 호주, 폴란드 등 신흥국 통화와 함께 가장 큰 변동성을 보였다. 위기 영향으로 급등했다 다시 급격히 안정되는 모습을 보인 것이다. 주요 원인으로 외화유동성 위기 논란, 외국은행 국내지점을 통한 무리한 단기차입의 부작용, 대외 의존적 경제 시스템, 원화 거래 부족 등을 지목할 수 있다.

위기 이전 무리하게 단기 차입을 했다 이것이 급격히 빠져나가면서 외화유동성 위기가 불거져 환율이 급등했고, 구조적으로 수출입 등 대외 거래에 크게 의존하다 보니 불안 양상이 환율로 반영됐다. 또 외환시장 규모가 작다 보니 일시적인 자금 유출이 시장에 큰 충격을 가져왔다.

이 가운데 가장 크게 문제가 됐던 부분이 외화유동성 위기 논란이었다. 이는 해외 은행들에 기인한 면이 크다. 해외 은행 스스로 유동성이 부족해 한국에 투자한 자산을 빼내 가면서 우리 시장에 달러가 부족해졌기 때문이다. 외국인들은 이러한 현상을 불안 요인으로 보고 달러를 더 빼내 가는 악순환을 일으켰다. 결국 해외 은행들이 스스로 위기에 빠지면서 이를 극복하기 위해 한 행위가 한국에 위험 요인을 만들었고, 이러한 위험을 유발해 놓은 당사자들이 한국을 위험 국가로 지목하는 아이러니가 발생하고 말았다.

하지만 이 같은 위기는 우리 스스로 만들어 낸 측면이 더 크다. 위기 이전 무리한 단기 차입만 없었다면 문제가 그렇게 심하게 불거지지는 않았을 것이기 때문이다.

이를 해소하기 위해 정부는 위기 기간 외화자금시장에

적극 개입해 국내 은행에 자금을 빌려 줬다. 외환시장에서 환율 급등을 제어하기 위해 원화를 사들이면서 달러를 공급하는 노력과 함께, 국내 은행에 빌린 돈을 갚을 수 있도록 자금까지 빌려 준 것이다.

또 해외자산 취득과 관련한 규제를 조절하기도 했다. 국내에 달러가 너무 많아 환율 하락이 문제가 될 때면 정부는 해외 자산 취득 관련 규제를 완화한다. 이렇게 하면 경제주체들이 자유롭게 해외 자산을 취득하는 과정에서 달러가 해외로 유출돼 환율 하락을 제어할 수 있다.

이는 장기적으로 경상수지 흑자폭을 키우는 데도 도움이 된다. 해외 취득 자산에서 수익이 발생해 국내로 들어오면 이것이 경상수지에 포함돼 흑자폭을 키우는 것이다. 일본은 오래전부터 이러한 정책을 펴 재미를 봐 왔다. 오랜 기간 경상수지 흑자를 통해 누적된 달러로 해외 자산을 사들이면서 환율 안정을 기하는 동시에 해외 자산 운용 수익을 통해 국부를 키우는 이중의 효과를 누리는 것이다.

하지만 이러한 정책은 세계 경제 위기 상황에서는 오히려 독이 될 수 있다. 세계 경제 위기의 영향으로 해외 자산 가격이 급락하면 충격을 받을 수 있는데다, 위기 때는 달러를 최대한 확보해야 하는데 달러 유출에 제한이 없으면 국내 달러 부족 현상이 심화될 수 있기 때문이다. 때문에 위기 상황에서는 일시적으로 달러 유출에 대해 강한 규제를 적용했다.

외화유동성 관련 규제들

하지만 이 같은 정책은 모두 임시방편에 가깝다. 외화유동성 상황을 건전하게 하기 위해서는 보다 근본적인 처방이 필요하다. 그래서 정부는 외채를 적정 수준으로 줄이면서 국내 외화유동성 상황을 원활하게 만들기 위한 다양한 규제 장치를 도입했다.

대표적인 규제가 '갭' 비율이다. 이는 7일갭과 1개월갭으로 나뉜다. 우선 7일갭은 만기가 7일 내로 돌아오는 외화자산에서 역시 7일 내로 돌아오는 외화부채를 뺀 값을 총외화자산으로 나눈 값이다. 예를 들어 A은행의 총외화자산이 1억 달러고, 7일 내로 찾을 수 있는 외화예금(A은행이 다른 은행에 예금)이 1,000만 달러, 7일 내로 갚아야 하는 외화부채가 900만 달러라면 1,000만 달러에서 900만 달러를 뺀 100만 달러를 1억 달러로 나눠 준 1%

가 7일갭이다. 금융당국은 이 수치가 0%를 넘도록 지도하고 있다. 즉, 7일 내에 갚아야 할 외화부채가 7일 내에 현금으로 바꿀 수 있는 외화자산보다 많아선 안 된다는 뜻이다. 2010년 3월 현재 2.2%로 자산이 부채보다 많아 양호한 수준이다.

1개월갭의 개념은 이와 비슷하다. 1개월 내로 만기가 돌아오는 외화 자산에서 1개월 내로 만기가 돌아오는 외화부채를 뺀 값을 총외화자산으로 나눈 값이다. 금융당국은 이 비율을 -10% 이상이 되도록 지도하고 있다. 즉, 외화자산보다 외화부채가 많은 상황은 어쩔 수 없지만 초과 금액이 총 외화자산의 10%를 넘어서는 안 된다고 규제하고 있다.

일반적으로 시중은행은 어쩔 수 없이 외화부채가 외화자산보다 많다. 한국은 달러를 생산하지 않기에 원활한 수급을 위해서는 차입을 해 와야 하기 때문이다. 이 같은 상황은 미국(달러를 생산하는) 등 일부 국가를 제외하면 공통적인 현상이다. 하지만 너무 많아지면 건전성에 위협이 올 수 있는 만큼 범위를 규제하고 있다. 2010년 3월 현재 1.7%로 자산보다 부채가 많다.

'외화유동성비율' 규제도 있다. 이는 만기가 3개월 이

하로 남은 외화자산과 3개월 이하로 남은 외화부채의 비율이다. 예를 들어 만기 3개월 이하 외화 자산이 1억 1,000만 달러고, 3개월 이하 외화 부채가 1억 달러라면 유동성비율은 110%다. 금융당국은 85% 이상이 될 것을 규제하고 있다. 10일갭과 비슷하게 부채가 더 많은 것은 어쩔 수 없지만, 자산이 부채의 85% 이상은 넘도록 하고 있다. 2010년 3월 현재 105.5%로 지도 비율을 훨씬 상회하고 있다.

금융당국은 은행 외에도 증권, 보험 등 자산운용 과정에서 외화 자산과 부채를 가질 수 있는 다른 금융사들에도 비슷한 규제를 하고 있다. 다만 외화자산이 총자산의 1%가 넘을 정도로 외화자산을 많이 보유한 금융사에 대해서만 규제를 실시하고 있다.

여러 규제치와 현재 수치를 비교하면 모두 양호한 수준을 유지하고 있는 것을 볼 수 있다. 규제는 외화부채가 외화자산보다 필요 이상 많아선 안 된다고 강제하고 있지만, 은행들은 오히려 외화자산이 외화부채보다 많은 상황이다. 이는 금융위기 당시 외화부채 상환 압박으로 큰 고초를 겪었던 은행들이 부채를 줄이고 자산을 늘리는 방향으로 적극적인 노력을 한 결과다. 수출기업들이 환전을 의뢰해 오면 이를 확보해 자산을 키우면서 여유분으로 부채를 상환하면 관리가 가능하다.

직접 통제까지 거론

한편 금융당국은 국내에 많은 외채를 끌어들이는 외은지점들이 자본금의 200~300% 이상의 외채를 도입할 수 없도록 하는 내용 등의 규제를 금융위기 기간 검토했다가 철회한 바 있다. 갭비율 등이 외화자산에 비해 외화부채가 지나치게 늘지 않도록 하는 건전성 규제라면 차입 규제는 직접 통제에 해당한다. 외은지점을 통해 들어온 달러가 위기기간 일시에 유출되며 환율이 급등하는 등 부작용이 있어 규제해야 한다는 시각에 따라 규제가 검토됐다.

하지만 지나친 규제가 외국인들의 한국에 대한 신뢰를 무너뜨릴 수 있다는 지적이 나오면서 보류되고 있다. 특히 차입규제가 국내 채권시장에 악영향을 미칠 수 있다는 점이 고려됐다. 외은지점들은 달러를 들여와 이를 환전한 뒤 국내 채권에 투자하고 있다. 그런데 차입을 규제하면 이들이 국내 채권에 투자하기 어렵다. 주요 채권 매수세가 사라지는 것이다. 이렇게 되면 금리 급등 현상이 빚어질 수 있다. 주요 채권 매수세가 사라진 상황에서 기업 등 채권을 발행해 자금을 모집하는 채권 발행주체들은 다른 세력이 외은지점을 대신해 채권을 추가로 구매할 수 있도록 조건을 더 좋게 만들어 줘야 하고, 그 과정에서 금리를 높여 줘야 하기 때문이다. 또 국내에 충분한 달러 공급이 안 되면서 전반적으로 외환 부족 현상이 벌어질 수 있다. 이 밖에 외은 지점을 통한 달러 차입은 비용 부담이 낮은 달러 도입이라는 현실적인 의견도 있다.

결국 치밀한 외화유동성 관리를 위해 보다 많은 규제가 도입되는 것은 어쩔 수 없지만 직접 규제는 삼가야 한다는 지적이 대부분이다. 직접 통제보다는 근본적인 시장 안정을 위해 좀 더 거시적인 안목에서 바라봐야 한다는 시각도 많다. 개별 기업 입장에서 환율이 상승할 때는 무조건 달러를 확보해 두는 것이 좋다. 그래야 이익을 볼 수 있다. 하지만 모든 기업이 이 같은 행위를 하면 시장 전체적으로 달러 부족이 심화되면서 환율이 급등하는 등 시장이 불안해질 수 있다. 개별 기업 입장에서는 당연한 행위지만 이러한 행위가 모이면서 시장을 불안하게 만드는 것이다. 이처럼 개별 입장에서 합리적인 행위가 모여 불합리한 상황을 만들어내는 것을 '구성의 오류'라 한다. 이를 막기 위해서는 개별 기업의 건전성보다는 시장 전체적인 시각에서 규제를 해야 한다. 즉, 환율이 상승할 때 달러를 매수함으로써 기업의 재무제표가 건전해지는 측면에 주목하는 것이 아니라, 시장 전체적으로 환율이 상승하는 것에 주목해 기업들이 달러 구입을 자제할 수 있도록 지도하는 식이다.

금융기관이 자금을 차입하는 방식도 개편할 필요가 있다. 그간 금융사들은 외국 금융기관으로부터 직접 자금을 차입하는 도매식 구조에 의존해 왔다. 이보다는 국내 금융사가 해외에서 각종 금융상품을 판매해 해외 소비자들로부터 직접 자금을 도입하는 소매식 구조를 도입할 필요가 있다. 이렇게 하면 보다 안정적으로 외환을 들여올 수 있다. 이를 위해서는 국내 금융기관의 국제화 노력이 중요하다. 이 밖에 막대한 자금력을 보유한 국민연금이 현금화하기 쉬운 해외 유동성 자산에 많이 투자하는 것도 고려할 만하다. 국민연금의 수익성을 높이면서 위기 시에는 바로 현금화해 국내에 유동성을 공급하는 효과를 기대할 수 있다.

정책적 측면에서 관련 규제 당국을 일원화해야 한다

는 지적도 있다. 2007년 새 정부가 출범하면서 국제금융을 기획재정부가 맡고 국내금융을 금융위원회가 맡는다는 목적하에 금융 정책 기구를 분리한 바 있다. 이에 환율 등 정책은 모두 기획재정부 소관이다. 하지만 금융위가 금융회사 건전성을 제고한다는 미명 아래 외환 건전성 제고 방안을 내놓는 든 혼선이 빚어지고 있다. 이런 식으로 외환정책이 분할되면 정책 실효성이 반감될 수밖에 없어 국제금융과 국내금융의 정책기능을 통합하는 것이 필요하다는 견해가 많다.

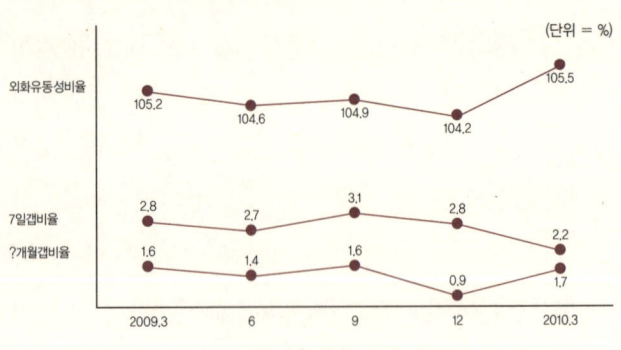

[그림5-3] **외화건전성비율 추이**
*자료 : 한국은행

step 5. 환율 안정을 위한 환율 정책

Seven Days Master Series

… # step 6

외국 환율과 한국 경제

환율이 움직이지 않을 때

하루에 크게는 수십 원씩 움직이는 환율. 우리에겐 '환율은 움직인다'는 것이 상식이다. 그런데 환율이 고정되는 나라도 있다. 과거 중국이 대표적이다. 중국은 환율을 어떻게, 왜 고정시켰을까?

여러 형태의 고정환율제도

고정환율제도는 자국의 통화가치를 특정 통화에 고정시키는 것을 의미한다. 대개는 미국 달러에 고정시킨다. 이에 미국 달러가치와 비교한 환율은 움직이지 않는다. '1달러=1,000원' 식으로 고정되는 것이다.

다만 달러를 제외한 다른 통화와 비교해서는 가치가 움직인다. 이때는 달러의 움직임을 그대로 따른다. 따라서 미국 달러가치가 (달러를 제외한 다른 통화와 비교해) 올라가면 해당 통화도 (달러를 제외한 다른 통화와 비교해) 가치가 함께 올라가며, 미국 달러가치가 떨어지면 해당 통화가치도 떨어진다. 그래야 달러와 가치가 고정될 수 있다. 예를 들어 '1유로=1달러=1,000원'인 상황에서, 달러가치가 올라 1달러를 1.5유로와 바꿀 수 있게 되면 1달러=1유로에서 1달러=1.5유로로 바뀌어 다시 1.5유로=1달러=1,000원으로 바뀐다. 1달러로 1.5유로를 살 수 있게 됐으니 1달러에 그 가치가 고정되는 1,000원으로도 1.5유로를 살 수 있다. 1,000원으로 1유로를 사던 것과 비교하면 원화가치가 그만큼 올라간 것이다. 결국 달러가치가 오르면 원화가치가 함께 오른다. 이처럼 고정환율제도를 유지하면 달러에 대해 가치가 고정되는 반면, 다른 통화에 대해서는 달러의 움직임을 그대로 따른다.

이러한 고정환율제도는 수시로 환율이 변하는 우리에게 낯설 수 있지만 얼마 전만 해도 한국을 포함해 대다수 국가들이 채용하던 방식이었다. 한국의 경우 1997년 외환위기 전까지 고정환율제도를 유지했다.

그런데 고정환율제도라 해서 환율이 달러에 완전히 고정되지는 않는다. 변동환율제도처럼 완전히 자유롭게 움직이지는 않지만 약간씩은 움직인다. 국제통화기금(IMF)에 따르면 고정환율제도는 총 4가지가 있다.

우선 통화동맹 형식이 있다. 아예 새로운 통화를 만들어 함께 쓰는 방식이다. '유로'라는 단일 화폐를 사용하는 유럽연합 16개국이 대표적이다. 이에 16개국 내에서 화폐가치는 완전하게 고정된다. 유로를 쓰기 전에는 독일과 프랑스의 화폐가치가 서로 달랐지만, 이후에는 독일과 프랑스가 같은 화폐를 쓰니 가치가 달라질 일이 없다.

다음으로 자국화폐를 없애고 미국달러화를 화폐로 사용하는 달러화통용제도(Dollarization)가 있다. 이는 새로운 통화를 만드는 것이 아니라는 점에서 통화동맹과는 다르지만 미국 달러만 쓰니 이 역시 달러와 비교해 가치가 움직일 일이 없다.

세 번째로 통화 발행량을 달러 보유액 수준으로 일치시키는 통화위원회 제도(Currency Board Arrangement)가 있다. 여기서부터 고정환율임에도 환율에 변화가 생긴다. 예를 들어 1달러=1,000원으로 고정한 상황에서, 외환보유고가 3,000억 달러라면 화폐 발행량을 300조 원으로 고정시키는 식이다. 이렇게 하면 현금을 들고 중앙은행을 방문하면 100% 달러로 바꿀 수 있다. 무제한적인 태환을 허용하는 것이다. 만일 3,000억 달러보다 원화 발행량이 늘면 100% 교환해 줄 수 없다. 이렇게 되면 원화가치가 떨어진다. 따라서 화폐 발행량을 완전히 고정시킨다. 하지만 현실에서 발행량은 조금씩 변동된다. 경제 상황에 따라 300조 원 이상으로 통화를 발행하거나 그 미만으로 떨어지는 식이다. 이렇게 되면 기준이 되는 고정 환율보다 실제 환율이 조금씩 내리거나 오른다.

네 번째로 '페그제'가 있다. 페그제는 정부가 강력한 시장 개입을 실시해 환율을 고정시키는 제도다. 이때 고정시키는 대상은 달러가 대부분이지만 통화바스켓(무역비중에 따라 여러 나라 통화와 비교한 환율을 가중평균한 것)에 고정시키기도 한다.

페그제 하에서는 환율을 1달러=1,000원 식으로 고시한 상황에서 달러 공급이 늘어 환율이 떨어질 것 같으면 환율이 고시한 수준 밑으로 떨어지지 않도록 시장에서 달러를 사들인다. 반대로 달러 공급이 줄어 환율이 오를 것 같으면 환율이 오르지 않도록 시장에 달러를 공급한다. 그런데 달러를 무제한 사들이거나 내놓기는 어렵다. 자국 통화와 외환보유고에 제한이 있기 때문이다. 따라서 완벽한 시장 개입을 실시할 수 없고 환율이 어느 정도는 움직인다.

페그제는 환율이 움직이는 범위에 따라 세부적으로 다시 3가지로 나뉜다. 실제 환율이 고시 수준의 ±a% 내에서 움직이도록 하는 수평밴드 페그제도(pegged exchange rate within horizontal band), 단기적으로는 고정시키지만 장기적으로 일정 범위 내에서 움직이도록 하는 크롤링 페그 제도(crawling peg), 주기적으로 기준환율을 조정하는 크롤링 밴드 제도(exchange rate within crawling band) 등이다.

이 가운데 크롤링 밴드 제도는 대세를 인정하되 급격한 하락이나 상승을 막기 위한 목적으로 도입된다. 예를 들어 현재 기준 환율이 달러당 1,000원인데, 환율이 지속적으로 상승할 수밖에 없는 상황이라면 1,000원을 고집하지는 않되 1,100원 정도로 올려 이 수준은 고수하는 식이다.

안정적 거래 가능

고정환율제도의 가장 큰 장점은 환율 안정이다. 대금

이 한참 뒤 들어오는 수출기업은 원화 환산 금액이 얼마가 될지, 수입기업은 앞으로 수입 부담이 어떻게 변할지 고민할 필요가 없다. 환율이 항상 고정되어 있으니 환산 금액이 항상 일정한 수준을 유지하는 것이다. 이에 장기적인 경영계획을 세우거나 투자 결정을 내리기가 유리하다. 자금계획이 확실하니 안정적인 계획을 짤 수 있는 것이다.

반면 환율이 급변하면 수출이나 수입 대금이 얼마가 될지 예측하기 어렵다. 얼마나 벌고 쓰게 될지 예상하기 어려우면 장기적인 경영이나 투자 결정을 내리기 힘들다. 결국 거래를 안정적인 거래를 위해서는 고정환율제도가 변동환율제도보다 훨씬 유리하다.

고정환율제도를 유지해 온 대표적인 나라가 중국이다(중국은 2010년 6월까지 고정환율제도를 유지해 오다 이후부터는 환율이 어느 정도는 움직이는 '관리변동환율제도'를 운영 중이다).

그런데 중국이 고정환율제도를 유지해 온 속내는 따로 있었다. 바로 막대한 경상수지 확대를 위해서다. 앞서 설명했지만 경상수지 확대가 지속되면 국내에 돌아다니는 달러량이 늘고 환율이 하락한다. 그러면 달러로 환산한 수출 가격이 올라가거나, 자국 통화로 환산한 수출 이득이 줄어 수출이 줄면서 경상수지가 균형을 찾는다.

이 같은 상황에서 고정환율제도를 유지하면서 인위적으로 환율 하락을 막으면 경상수지 흑자를 계속 유지할 수 있다. 실제 중국은 고정환율제도를 유지하는 동안 이 같은 효과를 톡톡히 봐왔다. 환율이 내려갔어야 했는데 이를 막음으로써 막대한 경상수지 흑자를 유지한 것이다.

중국 중앙은행인 인민은행은 환율을 고정시키기 위해 흑자를 통해 유입된 달러를 지속적으로 흡수해 왔다. 이에 따라 중국 내 달러 공급이 일정 수준을 유지했고, 환율 하락을 막았다. 인민은행이 지금까지 빨아들인 달러는 2조 달러를 넘는다. 원화로 환산하면 2,400조 원에 달하는 막대한 돈으로 한국 GDP의 2배가 넘는 수준이다.

중국은 또 경상수지 흑자를 통해 벌어들인 달러를 해외 자산 구매 형태로 유출시켜 왔다. 미국 국채, 해외 부동산 매입이 대표적인 예다. 이 과정에서 중국의 해외 자산 보유가 지속적으로 늘면서 중국 내 달러 유통량은 일정 수준으로 유지될 수 있었다. 중국이 고정환율제도를 유지했던 가장 큰 목적은 경상수지 흑자를 지속적으로 유지하기 위한 데 있었다. 중국은 질보다 가격으로 승부하고 있다. 이 같은 상황에서 환율이 하락하면 달러로 평가한 중국 제품 가격이 올라 수출경쟁력이 떨어질 수밖에 없다. 중국 정부는 이를 환율 조작을 통해 막아 왔다.

물론 아무리 고정환율제도를 유지하더라도 중국 위안화의 가치가 완전히 고정됐던 것은 아니다. 일부 수급 요인이 반영된다. 이에 전 세계적으로 달러 가치가 약세를 나타내면 중국 위안화도 어느 정도 가치가 올랐다. 하지만 중국 정부는 그 범위를 통제해 왔다.

경제 상황 변화 반영 못해

많은 나라가 여전히 고정환율제도를 운영하고 있지만 이 제도는 기본적으로 장점보다 단점이 많다. 우선 물가 상승률, 이자율, 경제 성장 등 경제 상황이 환율로 반영되지 않는다. 예를 들어 우리나라 물가가 상승하면 이는 곧 화폐가치가 하락하는 것이니 달러와 비교한 원화가치의 하락, 즉 환율 상승이 일어나야 한다. 또 이자율이 올라가면 달러가 유입되면서 달러가치의 하락, 즉 환율 하락이 발생해야 한다.

그런데 환율을 고정시키면서 이러한 상황이 반영되지 못하고 변화 압력이 계속 누적될 수 있다. 예를 들어 물가가 지속적으로 오르는데 이를 환율 상승에 반영하지 않기 위해서는 정부가 시장에 달러를 계속 투하해야 한다. 하지만 이 같은 일은 계속될 수 없다. 정부의 달러 보유량에는 한계가 있기 때문이다. 결국 어느 정도 임계치에 이르면 더 이상 개입하기 어려워질 수 있다. 이렇게 되면 환율 상승 압력이 한꺼번에 분출되면서 정부 통제 범위를 벗어나게 된다. 결국 남는 결과는 환율의 급등이다. 환율을 고정시키려는 노력이 되레 한꺼번에 급등을 유발하는 것이다.

고정환율제에서 환율이 급등하는 일은 여러 차례 발생한 바 있다. 2차 세계대전 후 세계는 '브레튼우즈' 체제라는 이름으로 국제적 고정환율제도를 유지했다. 이 체제에서 미국 중앙은행은 미국 달러에 대해 100% 정해진 양의 금과 교환을 보증했다. 따라서 미국 달러는 금에 대해 가치가 완전히 고정됐다. 그리고 각국은 해당국의 화폐가치를 달러에 고정시켰다.

이러한 체제가 유지되기 위해서는 언제든 미국 중앙은

행으로부터 보유한 달러를 금으로 교환받을 수 있어야 한다. 여기에는 전제조건이 필요하다. 미국 중앙은행이 보유한 금과 달러의 괴리가 없어야 한다는 것이다. 예를 들어 1달러와 금 0.01g의 가치를 고정시켜 놓은 상황에서 금을 1g 보유하고 있다면 달러 발행량은 100달러를 넘어선 안 된다. 이를 넘으면 금으로 교환받지 못하는 달러가 생겨난다. 모든 달러를 금으로 바꿔 주려면 교환되는 금의 양을 0.01g 밑으로 떨어트려야 한다. 그만큼 달러가치가 떨어지는 것이다. 이러한 가치 하락은 고정환율제도의 근간을 뒤흔들 수 있다.

이 같은 상황에서 미국 중앙은행이 보유한 금의 양은 크게 늘지 않는데 미국 달러 발행량은 급속도로 늘기 시작했다. 미국이 독일 등과 무역관계에서 만성적인 무역적자를 냈기 때문이다. 미국이 계속 달러를 발행해 과도한 수입을 유지한 결과였다. 이에 따라 세계 각국은 과도한 양의 달러를 보유하게 됐다.

그러자 각국은 의심을 하기 시작했다. 자신들이 보유한 달러를 금으로 받을 수 없을 것이란 의심이 생긴 것이다. 독일이 먼저 행동에 나섰다. 보유한 달러를 금과 바꿔 달라고 요청한 것이다. 당연히 미국은 바꿔 줄 수 없었고 결국 금 태환 포기 선언을 하기에 이르렀다.

이후 달러가치는 크게 떨어졌다. 금을 1g 보유한 상황에서 100달러가 아닌 200달러를 발행했다면 1달러의 가치가 금 0.01g이 아닌 0.005g으로 떨어지는 것이다. 이렇게 되면 예전에 1마르크와 교환될 수 있었던 1달러의 가치는 0.5마르크까지 떨어진다. 이 같은 일시적인 조절의 충격은 크다. 달러를 많이 보유한 국가들의 경우 자산가치가 급격히 하락하는 충격을 봐야 했다.

만일 고정환율제도가 운영되지 않았다면 미국 화폐 발행 증가에 따라 달러가치는 서서히 떨어졌을 것이고 이에 따라 여러 국가들은 달러 보유를 줄이면서 충격을 줄일 수 있었을 것이다. 하지만 그러지 못하면서 일시적인 충격을 경험했다.

이처럼 고정환율제도는 경제 상황에 따른 환율 변화 압력이 누적된 후 한꺼번에 분출되면 큰 충격을 몰고 오는 단점이 있다.

경제 왜곡 상황 지속 가능성

고정환율제도는 또 경상수지 적자가 한번 발생하면 지

속된다는 문제도 안고 있다. 경상수지 적자가 발생하면 국내에 외환이 부족해져 달러가치가 오르는 대신 원화가치가 떨어져야 한다. 즉, 환율이 올라야 한다. 환율이 오르면 수출 경쟁력이 개선돼 경상수지 흑자를 낼 수 있다. 이처럼 환율이 움직이면 경제는 다시 균형으로 돌아갈 수 있다. 그런데 고정환율제도 하에서는 경상수지 적자가 발생해도 환율이 제자리를 유지하면서 적자가 지속될 수 있다.

앞선 예에서도 변동환율제라면 독일 내 돌아다니는 달러가 많으면 달러 대비 마르크화의 가치가 오른다. 그러면 미국에 수출되는 독일 제품의 가격이 올라 독일 수출이 줄면서 독일로 유입되는 달러의 양이 줄어든다. 대신 미국 수출이 늘면서 미국 내로 다시 유입되는 달러가 늘면서 세계 전체적으로 풀리는 달러의 양이 줄어 균형을 찾을 수 있다. 하지만 이러한 조정이 안 되다 보니 문제가 누적된 것이다.

이처럼 고정환율제도는 국가 간 거시경제적 차이를 자동으로 교정하는 수단이 없다. 이를 해소하기 위해서는 일시적으로 환율을 조정하는 일이 필요하다. 환율을 올려 자국 통화가치를 낮추는 것을 평가절하, 환율을 내려

자국 통화가치를 높이는 것을 평가절상이라 한다. 이 가운데 평가절하를 하면 수출 경쟁력이 개선되면서 경상수지를 개선시킬 수 있다.

하지만 일시에 환율을 조절하는 평가절하나 절상은 경제에 큰 충격이 될 수 있다. 또 경제에 변수가 자주 발생하면서 평가 절하나 절상이 잦으면 해당 통화에 대한 신뢰성이 떨어진다.

고정환율제도는 또 투기적 공격에 취약할 수 있다. 환율 상승 압력이 있는 상황에서 정부가 달러를 풀어 통화가치를 유지하고 있다고 하자. 그리고 이 같은 상황에서 투기세력이 해당국에서 달러를 지속적으로 빼 가는 공격을 시작했다고 하자. 위기 발발 전 달러를 유입시켰다 몇 번에 걸쳐 대량으로 달러를 빼 가는 식이다. 이 상황에서 해당 정부는 통화가치 유지를 위해 달러를 공급하는 지속적인 시장 개입을 실시하지만 외환보유고에 한계가 있어 언제까지나 방어를 할 수는 없다. 결국 달러 부족 사태가 벌어지고 방어를 포기하기에 이른다. 이렇게 되면 환율 상승 압력이 한꺼번에 분출되면서 환율이 급등할 수 있다. 그러면 투기세력은 다시 시장에 들어와 달러를 매도하는 대신 해당 통화를 싸게 사들인다. 이 같은 행위는 환율을 급격히 안정시킨다. 이후 투기세력은 해당 통화를 다시 비싸게 팔아 큰돈을 벌 수 있다. 고정환율제도는 이러한 투기 공격에 무척 취약한 제도다. 이는 외환위기를 가져올 수 있다. 고정환율제도를 유지하던 한국이 97년 외환위기를 겪은 데는 이러한 과정이 들어 있다.

고정환율제도의 마지막 문제는 물가 상승에 있다. 이는 환율 상승을 막을 때 벌어지는 일이다. 중국 정부가 위안화 하락을 막기 위해 지속적으로 달러를 흡수하는 과정에서 중국 시장에는 막대한 위안화가 풀려 왔다. 기업이나 은행이 보유한 달러를 뺏을 수 없으니 돈을 주고 사는 과정에서 막대한 유동성이 풀려 온 것이다. 이는 당연히 물가 상승을 유발한다. 이 같은 물가 상승의 영향력은 심대해 중국 내에서는 환율 조작을 포기하고 완전한 변동환율제로 이행해야 한다는 견해까지 나오고 있다. 반대로 환율 상승을 막기 위해 정부가 달러를 공급하면 자국통화가 흡수되면서 유동성이 줄어 물가는 떨어지겠지만 경기가 악화될 수 있다. 이처럼 환율을 고정시키기 위해서는 물가 상승이나 경기 긴축을 유발하는 비용을 치러야 해 비판이 많다. 물론 중앙은행이 별도로 풀린 유동성을 흡수하거나 거둬들인 유동성을 뱉어내는 작업을 할 수 있다. 달러를 흡수하는 과정에서 풀린 유동성을 흡수하기 위해 채권을 발행하는 식이다. 하지만 이자 부담 등 한계가 있어 부작용을 예방하는 데 한계가 많다.

이 같은 문제에 따라 한국을 비롯하여 많은 나라들이 변동환율제도를 채용하고 있다. 변동환율제도는 국가 간 거시경제적 차이에 따라 환율이 수시로 조절돼 일시에 환율이 조정되면서 발생하는 충격이 덜하다. 또 이론상 환투기도 할 수 없다.

하지만 현실에서 환율이 변동해도 무역적자나 흑자는 지속되며 자본자유화에 따른 환투기는 오히려 심해진 측면이 많다. 환율이 오를 것으로 예상되면 해당 통화를 지속적으로 팔아치우다 꼭지에 이르면 재매입하는 식이다. 또 지구상 어디에도 완전한 변동환율제도를 운영하는 나라는 없다. 환율이 급격하게 오르거나 내리면 변동환율제도 하에서도 정부가 자주 개입을 한다. 이에 현실의 변동환율제도는 고정환율제의 성격을 일부 갖고 있으며 고정환율제도 운영비용을 완전히 없애지는 못하고 있다. 한국도 수시로 정부가 개입해 환율 급등이나 급락을 막고 있다는 점에서 완전한 변동환율제도는 아니다. 이러한 운영 방식을 '관리변동환율제도'라 한다.

최근 중국이 명시적으로 이 제도를 도입하겠다고 선언했다. 다만 중국 정부는 여전히 강한 개입을 시사하고 있다. 환율의 움직임을 최소화하겠다는 의미다. 결국 명시적 제도는 바뀌었지만 고정환율제도에 가까운 형태로 운영될 가능성이 크다. 이에 따라 미국이 바라는 위안화 절상도 폭이 크지 않을 전망이다.

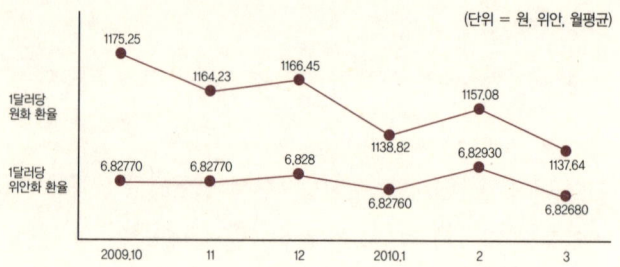

[그림6-1] **원화에 비해 거의 움직임이 없는 달러 대비 위안화 환율**
*자료 : 한국은행

위안화·엔화의 한국 경제에 대한 영향은 다르다는데?

한국의 중심 환율은 다른 나라와 마찬가지로 달러화 환율이다. 그 변화에 따라 큰 영향을 받는다. 하지만 엔화와 위안화 환율 변화도 한국 경제에 큰 영향을 미친다. 그런데 그 양상이 조금 달라 따로 들여다볼 필요가 있다.

원화 대비 지속적인 저평가 상태인 엔화

원화 및 엔화·위안화 간 역학 관계는 직거래에 따른 수급보다 달러를 매개체로 환율이 결정되는 시스템에서 비롯된다. 아무리 엔화 유출입에 변화가 생기더라도 원화 대비 달러화 환율과 엔화 대비 달러화 환율이 그대로면 원화 대비 엔화 환율은 움직이지 않는다.

이는 여러 문제를 일으키고 있다. 가장 대표적인 것이 무역수지 적자의 누적이다. 한국은 일본과의 무역에서 지속적으로 적자를 보고 있다. 이 같은 상황이라면 원화 대비 엔화 환율이 올라야 한다. 그래야 한국 기업의 가격 경쟁력이 개선되면서 대일 수출이 늘고, 반대로 일본으로부터 수입은 줄어 무역수지가 개선될 수 있다. 하지만 원·엔 환율이 자체적으로 결정되지 못하고 달러를 매개체로 결정되다 보니 아무리 대일 적자를 보더라도 원화 대비 엔화 환율 상승으로 이어지지 못하고 있다. 이에 따라 무역수지 적자가 계속되고 있다.

이러한 문제를 해소하기 위해서는 원과 엔을 직접 거래할 수 있는 시장이 조성돼야 한다. 즉, 한국과 일본 기업이 무역을 하면서 원화와 엔화를 주고받고 이것이 시장에서 거래되면서 가격이 형성돼야 한다. 이처럼 원과 엔이 직접 거래되면 자체적인 가치를 형성할 수 있다. 대일 적자 문제가 심각해지면 빠져나가는 엔화의 양이 늘면서 원화 대비 엔화 환율이 오르고, 이에 따라 무역수지 개선을 기대해 볼 수 있다. 또 원화 대비 엔화 환율을 조절하기 위해 정부가 시장을 제어할 수 있는 여지도 생긴다. 엔화 대비 원화가치를 낮추고 싶다면 원·엔 시장에서 원화를 팔고 엔화를 사들이는 개입을 실시하면 되는 것이다.

하지만 직거래 시장은 형성되지 않고 있다. 한국과 일본 기업이 거래를 할 때 원화나 엔화가 아닌 달러화를 주로 사용하고 있기 때문이다. 때문에 시장에서 원화와 엔화를 환전할 수요는 거의 없는 형편이다. 결국 일본과 무역에서 아무리 적자를 보더라도 이는 달러화 환율에 영향을 미칠 수 있을지언정 엔화 환율에는 별 영향을 미치지 못하고 있다.

물론 엔화 환율도 자체 수급에 따라 일정 정도 영향을 받는다. 은행 차입 등을 통해 국내에 엔화 유입이 늘면 엔화 환율이 떨어지는 식이다. 하지만 그 영향은 제한적이고 시장에 미치는 영향은 무척 미미하다.

결국 무역수지 적자에 따라 반영돼야 할 엔화 대비 원화 약세 유인은 환율에 잘 반영되지 못하고 있다. 이는 곧 현재의 엔화 대비 원화가치가 고평가되고 있을 가능성이 크다는 것을 의미한다.

이 같은 상황은 금융위기 이전에 특히 심각했다. 달러가치는 금융위기 이전부터 약세를 기록해 왔다. 이러한 상황이라면 원화와 엔화 모두 달러화에 대해 강세를 나타내야 한다. 즉, 원화와 비교한 달러 환율과 엔화와 비교한 달러 환율 모두 비슷한 수준으로 떨어져야 한다.

하지만 그렇지 못했다. 대개는 원화가치 상승폭이 엔화가치 상승폭보다 훨씬 컸다. 이는 일본경제가 지속적인 침체 상태에 있었기 때문이다. 경제 상황이 안 좋다 보니 통화가치가 약세를 나타내고, 이에 따라 달러화 약세에 따라 엔화가치가 올라도 그 폭이 미미한 수준에 그쳤다. 심지어는 달러가치 하락폭보다 엔화 자체 가치 하락폭이 커 엔화 대비 달러화 환율이 오를 때도 많았다.

이로 인해 엔화 대비 원화가치는 큰 폭의 오름세를 기록해 왔다. 원화 대비 달러화 환율은 떨어지는데 엔화 대비 달러화 환율이 오르면 원화 대비 엔화 환율은 매우 큰 폭으로 떨어질 수밖에 없다. 1,000원=1달러=100엔이던 상황에서 900원=1달러로 달러 대비 원화가치가 오르는데 1달러=120엔 식으로 엔화가치가 되레 떨어지면서, 원화 대비 엔화 환율이 100엔=1,000원(1엔=10원)에서 120엔=900원(1엔=7.5원)으로 크게 떨어지는 식이다. 예전에는 1엔을 구하기 위해 10원을 줘야 했지만 이제는 7.5원만 주면 되는 것이다.

그러면 해외시장에서 일본 제품과 비교한 한국제품의 경쟁력이 떨어질 수밖에 없다. 일본 제품의 달러 표시 가격은 떨어지는데 한국 제품의 달러 표시 가격은 오르기 때문이다. 한국과 일본은 IT제품과 자동차 등에서 치열한 경쟁을 벌이고 있다. 이러한 상황에서 불리한 방향으로의 가격 변화는 한국 수출에 큰 타격이 될 수밖에 없다. 엔화 대비 원화가치가 1% 오르면 수출은 0.821% 감소한다는 실증 결과까지 있을 정도다. 여기에 원화 대비 엔화 환율이 하락하다 보니 일본과의 무역에서 적자 문제는 더욱 심화됐다. 한국은 일본과의 무역에서 지금껏 흑자를 기록한 적이 한 차례도 없다. 오히려 적자폭만 커지고 있다. 이는 모두 엔화가 저평가되고 있는 상황에서 원화와 엔화가 자체 수급에 따라 가격이 형성되지 못하고 달러를 매개체로 가격이 결정되면서 벌어지는 일들이다.

이 밖에 2000년 이후 엔화 대비 원화가치가 지속적으로 상승하면서 일본인들의 한국 여행 부담은 급증한 반면 한국인의 일본 여행 부담은 크게 줄면서 2007년엔 역사상 처음으로 대일 여행수지가 적자를 기록하기도 했다. 한국은 그간 일본과 무역에서 적자를 보면서 여행수지 흑자로 일부 벌충해 왔는데 그 구조마저 깨진 것이다.

금융위기로 상황 반전

현재는 엔화 약세가 많이 해소된 상황이다. 금융위기 과정에서 엔화가 고평가를 받은 반면(막대한 외환보유고에 따른 안정성이 원인) 원화는 그 가치가 크게 떨어졌기 때문이다. 이에 따라 한국을 찾는 일본인 관광객들이 서울 명동을 점령할 만큼 넘쳐나면서 여행수지는 다시 큰 폭의 흑자로 전환했고, 수출 시장에서 소니, 도요타 등 일본 기업이 퇴보한 대신 삼성 등 한국 기업들은 크게 선전했다.

하지만 이러한 환율 효과는 언제까지나 지속될 수 없다. 최근에는 환율도 많이 정상화된 상태다. 특히 일본 경제가 다시 장기 침체로 접어들 조짐을 보이면서 엔화가치가 다시 지속적인 약세로 접어들 가능성이 커지고 있다. 환율에 따른 효과를 더 이상 기대하기 어려워지고 있는 것이다. 현재의 우위를 이어가기 위해서는 끊임없는 경쟁력 강화 대책이 필요하다.

이와 관련해서 한 가지 의문점이 들 수 있다. 달러화 환율이 내려갈 때는 정부에 이를 안정시켜 달라고 득달같이 요구하는 대기업들이 엔화 환율에 대해서는 별 요구가 없기 때문이다. 이는 목소리가 큰 대기업들이 일본 수출보다 수입이 더 많기 때문이다. 대기업들은 생산을 위한 설비나 부품을 주로 일본으로부터 수입에 의존하고 있다. 대신 완제품의 대일 수출은 적다. 일본에서 많은 부품을 들여오지만 일본에 TV를 거의 수출하지 못하는 삼성전자가 대표적이다. 이들은 엔화 환율이 올라가는 것보다 내려가는 것이 좋다. 수출을 별로 하지 못하는 상황에서 부품 수입 부담이 줄기 때문이다. 이에 엔화 환율이 내려갈 때 산업계의 개입 요구는 원달러 하락 때만큼 크지는 않고 정부도 별 신경을 쓰지 않는다.

반면 일본에 제품을 수출하는 중소기업들은 수출 이익이 줄어 큰 어려움을 겪는다. 하지만 대기업들이 낮은 엔화 환율을 선호하는 상황에서 중소기업들의 목소리는 제대로 전달되지 않고 이에 따라 이들만 피해를 볼 때가 많다.

인위적인 위안화 저평가의 문제점

위안화와 관련해서는 지속적인 저평가가 문제가 되고 있다. 중국으로 유입되는 달러가 많으면 달러 대비 위안화가치가 오르고 이에 따라 원화 대비 위안화가치도 올라야 하는데 시장 개입을 통해 인위적으로 막고 있다 보니 지속적으로 위안화가치가 저평가되고 있다.

이는 한국에 큰 부담이다. 특히 미국 달러화가치가 전반적으로 약세를 보일 경우 달러 대비 원화가치는 오르는 반면, 위안화는 달러에 고정되면서 가치가 오르지 않을 때가 많다. 이는 결과적으로 위안화 대비 원화가치가 오르는 것을 의미한다. 이렇게 되면 한국은 세계시장에서 경쟁은 물론 중국과 무역에서도 손해를 보게 된다.

또 중국 내 달러 유입에 따라 위안화가치가 올라가면 한국의 수출 상황이 개선될 여지가 생기지만 중국은 시장 개입을 통해 이를 막고 있다. 이를 교정하기 위해서는 중국이 완전한 변동환율제도를 도입하면서 원-위안화의 거래시장을 형성해야 하지만 원-엔처럼 쉬운 일이 아니다.

그렇다고 중국의 시장 개입이 무조건 독이 된 것은 아니다. 때때로 전체 시스템 안정에 기여할 수 있기 때문이다. 1997년 아시아 외환위기가 대표적이다. 당시 아시아 각국들은 위기가 발생하기 전 경쟁적으로 통화가치 평가절하, 즉 환율 인상 정책을 실시했다. 수출을 늘려 외화를 유입시키기 위해서다. 하지만 이 같은 평가절하 경쟁은 아시아의 모든 통화가 큰 폭의 약세를 나타낼 것이란 기대로 이어졌다. 이는 외국인들이 급격히 투자 자본을 빼내면서 달러를 구입하는 대신 해당국 통화를 팔게 만들었고 이것이 외화난을 부추기며 외환위기를 불렀다. 그런데 1997년 이 같은 경쟁에서 중국은 빠져 있었다. 고정환율제도를 보수적으로 유지하며 평가절하를 하지 않은 것이다. 당시 중국마저 평가절하 경쟁에 뛰어들었다면 아시아 경제는 더한 소용돌이에 빠졌을 것이란 게 대체적인 분석이다. 결국 환율을 거의 변경시키지 않는 중국의 정책이 아시아를 위기에서 구해 낸 셈이다. 이밖에 중국이 낮은 위안화가치를 유지하면서 원자재 등의 대중 수입 부담이 완화되는 효과도 발생하고 있다. 이는 중국으로부터 원자재를 수입하는 기업에게 큰 도움이 되고 있다.

하지만 이 같은 일부 사례만으로 중국의 인위적인 저(低)위안화 정책을 지지할 수는 없다. 한국 기업들의 수출 경쟁력에 피해가 되고 있기 때문이다. 이에 한국 등 중국과 무역을 하는 국가들은 중국을 상대로 평가절상 혹은 변동환율제도로의 이행을 요구하고 있다.

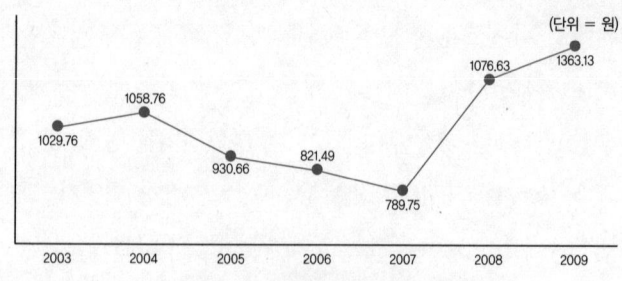

[그림6-2] **연평균 엔화 환율 추이**
*자료 : 한국은행

step 6. 외국 환율과 한국 경제

돈 놓고 돈 먹기, 캐리트레이드

 환율의 차이는 국제적인 자본 이동을 유발하기도 한다. 이를 '캐리트레이드'라 한다. 국제적으로 달러가 돌아다니면 달러캐리트레이드, 엔화가 돌아다니면 엔캐리트레이드라 한다.

경기회복 착시 효과 일으킨 달러캐리트레이드

 이처럼 통화가 돌아다니는 것은 환율과 금리 때문이다. 이를 좀 더 구체적으로 보면 우선 금리 측면에서 미국 금리보다 개도국 금리가 높을 경우 미국에서 차입해 개도국에 투자하면 낮은 금리로 돈을 빌려 높은 금리로 투자하는 것이니 수익을 낼 수 있다.

다음으로 돈을 빌린 미국의 통화, 즉 달러가치가 계속 떨어지면 환차익을 누릴 수 있다. 예를 들어 달러당 2,000원일 때 미국 은행에서 연리 5%로 1달러를 빌린 뒤 이를 2,000원으로 바꿔 연리 10%로 어떤 기업에 빌려 줬다고 하자. 그리고 1년 뒤 미국은행에 돈을 갚을 시점에서 달러가치, 즉 환율이 떨어지면서 달러가치가 1달러당 1,000원이 됐다. 그럼 기업으로부터 원금 2,000원에 이자 200원을 합한 2,200원을 상환받은 뒤 이 가운데 1,050원을 외환시장에서 1.05달러로 바꿔 미국 은행에 갚으면 모든 거래 관계를 종료시킬 수 있다. 이렇게 하면 수중에 2,200원에서 1,050원을 제한 1,150원이 남는다. 자기 돈을 한 푼도 들이지 않고 단지 돈을 빌려 빌려준 뒤 상환받고 상환했을 뿐인데 엄청난 수익이 생기는 것이다.

이 같은 경로로 캐리트레이드는 해당국의 이자율이 낮을수록, 통화가치가 약세를 나타낼수록 활성화된다. 최근 이러한 사례가 있었다. 2009년 미국은 금융위기 여파로 초저금리를 유지했다. 미국 중앙은행인 FRB가 결정하는 기준금리는 2010년 4월 현재 0.25%에 불과하다. 거의 금리가 없는 수준이다. 때문에 미국에서 돈을 빌려 환전한 뒤 한국 기업에 빌려 주거나 주가가 계속 상승하는 주식시장에 투자하면 많은 돈을 벌 수 있다.

특히 위기 이후 미국 달러는 지속적인 약세를 나타냈다. 극심한 신용경색이 벌어졌던 금융위기 초기에는 너도나도 달러 확보에 나서면서 달러가치가 일시적으로 강세를 나타냈지만, FRB가 엄청난 양의 달러를 찍어 민간에 공급한데다 허약한 경제 상황이 통화가치에 반영되면서 지속적인 약세를 나타냈다. 낮은 금리와 낮은 통화가치라는, 캐리트레이드를 통해 이익을 낼 수 있는 모든 환경이 조성된 것이다.

그러자 세계 각국은 저마다 달러캐리트레이드에 나서기 시작했다. 미국 은행들도 마찬가지였다. 자국 기업에 빌려 주기보다 외국에 빌려 주는 것을 선호했다. 이에 따라 전 세계적으로 달러가 넘쳐났고 이는 달러가치 하락을 더욱 부추겼다. 그리고 넘쳐난 달러는 세계 각국 증시, 채권시장 등에 투자됐고 자산 가격을 끌어올렸다. 이는 일시적으로 세계 경제가 호황을 유지하는 데 크게 기여했다. 하지만 돈에 의한 경기 부양 효과는 오래갈 수 없다. 소비와 투자가 진작되면서 실물경기가 살아나야 진정으로 경기가 회복될 수 있기 때문이다.

이에 따라 경제 전문가들은 달러캐리트레이드에 의한 경기 부양 효과는 오래갈 수 없고 경기가 호전된 것처럼 보이는 것은 착시 효과에 불과하다고 경고했다. 특히 아시아 경제에 문제를 일으킬 수 있다는 경고가 많았다. 캐리트레이드를 통해 유출된 달러가 주로 아시아 지역으로 집중됐기 때문이다. 아시아 경제는 아직 성장 중이라 투자 수익률이 높아 많은 자금이 몰리는 경향이 있다. 하지만 지속적인 자금 유입은 결국 거품을 만들기 마련이다. 이것이 터지면 캐리트레이드를 통해 유입된 자금이 급격히 유출된다. 미국 은행이 빌려 준 돈을 거둬 가는 식이다. 이는 외환위기를 부르게 된다. 경제학자들은 이를 두고 거품이 형성돼 이것이 터지면서 달러가 유출돼 위기가 벌어진다고 해서 '붐-버스트 사이클'이라 부른다.

이를 막기 위해 캐리트레이드가 너무 활성되지 않도록 규제해야 한다는 주장이 많다. 국경을 넘어 자본을 들고 나갈 때 세금을 물리는 '토빈세' 정책이 대표적이다. 경제학자 토빈이 처음 고안해 그의 이름이 붙었다. 세금이 붙으면 자본 이동이 줄어 시장에 미치는 악영향도 감소하지 않겠냐는 것이 토빈의 아이디어다. 하지만 이는 시장

활동을 너무 위축시키는 측면이 있어 실제로는 도입되지 않고 있다.

부메랑으로 돌아온 엔캐리트레이드

달러캐리트레이드가 문제 되기 전에는 엔캐리트레이드가 문제였다. 이는 금융위기 직전까지 전 세계 경제의 골칫거리 중 하나였다. 2006년 일본 중앙은행의 기준금리는 0.25%였다. 금융위기 기간 미국 FRB가 유지한 금리와 같은 수준이다. 당시 한국의 4.5%나 미국의 5.25%에 비하면 턱없이 낮은 수준으로 일본의 경제상황이 얼마나 안 좋았는지를 방증한다. 스스로 '잃어버린 10년'이라 부를 만큼 길었던 경기침체 여파로 일본은 오랜 기간 초저금리를 유지했다.

이에 따라 일본에서는 얼마든지 싼 이자로 자금을 차입할 수 있었다. 특히 일본 기업이나 가계가 소비나 투자를 자제하면서 빚을 내는 것을 극도로 꺼려했고 결국 일본 은행들은 수익을 내기 위해 해외 투자용으로 자금을 지속적으로 공급했다. 이렇게 공급된 자금은 전 세계에서 환전을 통해 각종 자산에 투자됐다. 이것이 큰 수익을 내자 엔캐리트레이드는 대 유행이 됐고 지구 곳곳에서 엔화자금이 넘쳐났다.

 이러한 풍부한 엔화 유동성은 결국 엔화 약세로 이어졌다. 이는 엔화 차입의 수익을 더욱 높였고 이에 따라 엔캐리트레이드는 계속 활성화됐다. 엔캐리트레이드는 일본경제에 일부 도움이 된 측면이 있다. 계속 막대한 경상수지 흑자를 내고 있던 상황이라 이를 통해 유발되는 유동성을 해외로 유출시킬 필요가 있었기 때문이다. 한 통계에 따르면 금융위기 직전까지 전 세계에 뿌려진 엔캐리 자금은 달러로 환산해 5,000억 달러에 달했다. 이 가운데 국내 유입분은 50억 달러 정도로 추산됐다. 이 중 일부는 국내 부동산 투자에 활용됐다. 결국 국내 부동산 시장 문제에 엔캐리트레이드가 일정 부분 기여한 셈이 됐다.

 위기 직전까지 엔캐리트레이드는 언제까지나 수익을 낼 수 있을 것으로 보였다. 이에 따라 기업은 물론 병원, 개인까지 나서서 엔화 자금을 차입하기 바빴다. 국내 은행보다 낮은 금리로 돈을 빌릴 수 있는데다 환율까지 내려가니 원화 환산 차입 부담이 계속해서 줄었기 때문이다. 한때 100엔당 환율은 780원까지 떨어지기도 했다. 100엔을 구하는 데 780원만 쓰면 되는 것으로 그만큼 차입 부담이 낮아져 있었다.

원·엔환율은 달러를 매개체로 결정돼, 국내 시장에서의 엔화 자체 수급은 큰 영향을 끼치지 못한다. 하지만 국내에 워낙 많은 엔화가 공급된 데다 전 세계적으로 엔화가 풀리면서 엔화가치가 전반적으로 하락하면서 원·엔환율도 급락세를 나타냈다.

이 같은 거품의 전조에 대해 정부는 여러 조치를 취했다. 은행들에게 엔화 대출 중개를 더 이상 하지 말 것을 권고한 게 대표적이다. 정부는 이렇게 하면 국내 공급 엔화가 줄어 엔화가치가 추가로 떨어지는 것을 막을 수 있을 것이라고 예상했다. 하지만 정부의 경고는 잘 먹히지 않았고 엔캐리트레이드는 계속됐다.

결국 정부의 우려는 현실화됐다. 금융위기가 터지자 엔캐리트레이드가 엄청난 부담으로 돌변한 것이다. 금융위기가 터지면서 한국의 통화가치는 급락한 반면 막대한 외환보유고를 갖고 있어 외화 유동성에 문제가 없었던 일본 통화가치는 별로 떨어지지 않았다. 오히려 위기가 터진 미국보다 장기 침체에 있던 일본 경제가 더 높은 평가를 받으면서 엔화가치는 올랐다. 원화가치는 급락하는데 엔화가치가 오른다면 남은 결과는 자명하다. 원화 대비 엔화 환율이 급등하는 것이다.

결국 엔화 환율은 한때 100엔당 1,500원까지 치솟았다. 예전과 비교하면 거의 두 배 수준이다. 이는 곧 엔화 빚을 낸 기업이나 개인들이 갚아야 할 엔화 대출 부담이 2배로 치솟았다는 것과 같은 의미다. 특히 엔캐리트레이드에 맛을 들였던 중소병원들의 피해가 컸다. 원엔환율이 800원일 때 1,000만 엔을 빌렸다면 8,000만 원을 갚으면 되지만 갑자기 원·엔 환율이 1,600원으로 오르면서 갚아야 할 돈이 1억 6,000만 원으로 치솟는 식이다. 이에 따라 많은 중소병원이 파산하는 일이 발생하기도 했다. 이처럼 캐리트레이드는 큰 위험성을 갖고 있어 주의가 필요하다.

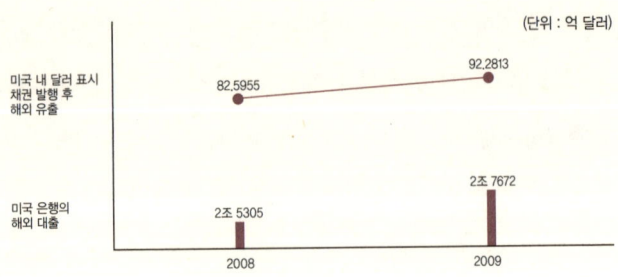

[그림6-3] **증가하는 미국 달러 유출 총액**
*자료 : FRB(미국연방준비제도이사회)

Seven Days Master Series

step 7

통화 전쟁과 우리의 미래

달러의 미래는?

 세계는 지금 통화 전쟁 중이다. 기축통화의 패권을 놓고 사활을 건 힘겨루기가 펼쳐지고 있다. 금융위기 이전만 해도 전쟁은 치열하지 않았다. 미국 달러의 권능이 언제까지나 지속될 것이라 믿었기 때문이다. 하지만 금융위기로 달러가치가 크게 흔들리면서 상황은 달라졌고 세계 금융시장은 주요 통화의 격전지로 변하고 있다.

기축통화의 권능

 기축통화를 가진 나라는 여러모로 유리한 점이 많다. 수출하지 않고도 돈을 찍어 물건을 수입해 올 수 있고,

외국에서 빌린 돈을 갚기 위해 외화를 축적해 놓을 필요도 없다. 돈이 필요하면 찍어 내면 그만이기 때문이다. 때문에 빚을 갚을 수 없어 국가가 부도를 낼 가능성은 거의 제로로 떨어진다. 또 기축통화를 갖게 되면 세계 경제에 대한 영향력도 커진다. 사실상 세계 경제를 지배할 수 있다.

미국은 기축통화국의 단맛을 오랫동안 누려 왔다. 물건이 필요하면 원가가 거의 들지 않는 화폐를 발행해 수입해 오면 됐다. 오랫동안 경상수지 적자를 기록하면서 전 세계적으로 달러가 풀려 가치 하락이 우려됐지만 크게 걱정할 필요는 없었다. 중국 등 경상수지 흑자국들이 미국 국채를 매입하는 방식으로 달러를 다시 미국 내로 돌려보냈기 때문이다.

전 세계 모든 국가들은 미국 채권, 그중에서도 국채를 가장 안전한 자산으로 봤다. 이에 지속적인 확보 경쟁을 벌였다. 미국 정부가 아무리 많은 채권을 발행해 재정적자를 기록해도 모두 소화됐고 오히려 수요를 맞출 수 없을 지경이었다. 그 과정에서 금리는 계속 낮아졌다. 확보 경쟁이 벌어지다 보니 보다 싼 금리로 채권을 찍어 낼 수 있었던 것이다. 미국 정부는 이렇게 마련한 돈으로 대규모 정부 지출을 실시해 왔고 이는 미국 경제를 더욱 풍요롭게 만들었다.

일반적인 경제라면 경상수지와 재정수지 모두 적자를 기록하는 '쌍둥이 적자'를 버텨 낼 수 없다. 하지만 미국은 전 세계에서 통용되는 달러를 찍을 수 있다는 점 하나로 오랫동안 쌍둥이 적자를 유지해 왔다. 미국 경제의 가장 큰 힘은 달러에 있고 미국은 이를 철저히 이용했다. 다른 나라들은 달러 확보 경쟁을 벌이면서 이 같은 상황을 뒷받침했고 그 과정에서 달러의 힘은 더욱 세졌다.

흔들리는 달러가치

하지만 이러한 상황은 글로벌 금융위기를 계기로 큰 반전을 맞고 있다. 글로벌 금융위기는 미국 채권도 부도 날 수 있다는 사실을 일깨워 줬다. 채권 발행자가 파산하면서 만기가 돼도 상환받지 못하는 채권이 줄을 이은 것이다.

그러자 많은 나라들이 미국에 투자하는 것을 꺼리게 됐다. 이는 곧 경상수지 적자로 유출된 달러가 미국 내로 다시 충분히 유입되지 않고 있다는 뜻이기도 하다. 미국은 그간 경상수지 적자를 너무 오래 기록했다. 결국 달러 발행량의 절반을 미국을 제외한 다른 나라가 보유하고 있다.

물론 세계경제가 성장하는 과정에서 기축통화는 꾸준히 공급될 필요가 있다. 따라서 기축통화는 어느 정도 과다 발행되는 것이 불가피하다. 그렇지 않으면 원활한 거래가 어렵다. 서로의 통화를 주고받기 어려운 제3국끼리 무역하는 과정에서 달러가 부족하다면 거래가 제대로 이뤄질 수 없다. 이 경우 세계 각국은 달러를 대체할 다른 수단을 찾게 되고 이 과정에서 달러의 지위는 약화된다. 이에 경상수지 적자를 기록하더라도 꾸준히 달러를 공급할 필요가 있다.

하지만 너무 많이 풀리면 가치가 떨어지는 문제가 발생한다. 이처럼 적절한 경상수지 적자를 통해 달러를 공급하는 것이 중요하지만 너무 많이 풀리면 문제가 발생하는 것을 트리핀(Triffin)의 딜레마라고 한다.

이 딜레마를 해결하기 위해서는 달러가 경상수지 흑자국들의 자산 투자 방식으로 미국에 재유입돼야 한다. 그렇지 않으면 달러는 물량 부담을 버텨 내지 못한다. 하지만 글로벌 금융위기 이후 미국 경제에 대한 회의가 심화되면서 재유입되는 달러 물량은 줄고 있고 이는 결국 달러가치 약세로 이어지고 있다.

달러가치 하락은 미국 자산에 대한 투자 심리를 더욱 악화시키고 있다. 달러당 1,000원일 때 1조 원을 투자해 10억 달러어치 국채를 매입했는데, 달러가치가 1달러당 500원으로 떨어지면서 자산 가치가 5,000억 원으로 쪼그라들 수 있는 것이다. 이러한 의심이 생기면서 많은 나라들은 미국에 대한 투자를 꺼리고 있다.

결국 금융위기 이후 계속되는 미국 자산에 대한 투자 위축은 달러가치 약세로 이어지고 있으며, 이것이 미국 자산에 대한 투자를 추가로 축소시키는 악순환이 벌어지고 있다. 이에 따라 미국 내 자산 가치 하락 문제가 심각해지고 있으며 미국이 장차 기축통화국으로서의 지위를 상실할 것이란 전망까지 나오고 있다.

절치부심하는 미국

앞으로 미국 경제의 어려움은 지속될 전망이다. 이에 따라 달러가치는 계속 흔들릴 가능성이 크다. 따라서 미국은 어떻게든 대처를 해야 할 것으로 보인다. 일단 미국은 단기적으로 달러 약세를 용인하고 있다.

달러가치 약세는 장기적으로 미국 경제에 큰 부담이지만 단기적으로 경상수지를 개선시키는 효과를 낸다. 이렇게 하면 달러를 다시 빨아들일 수 있다. 이는 궁극적으로 세계 경제에 도움이 될 수 있다.

그간 미국은 소비(수입)만 하고 다른 나라는 생산(수출)만 하는 상황은 '글로벌 임밸런스'라 불릴 만큼 세계 경제의 중요한 위험 요인 중 하나였다. 다른 나라의 과잉생산-미국의 과잉소비 시스템은 미국의 소비 여력이 축소되는 순간 엄청난 불황을 몰고 올 수 있다. 앞으로 미국이 소비를 줄여 경상수지 흑자를 내면 불균형이 해소되면서 세계 경제가 안정적인 성장을 할 수 있다.

물론 급작스런 조정은 한국 등 여타 국가에 큰 충격이 될 전망이다. 장기적으로 긍정적인 효과를 낼 것이란 점은 분명하지만 당장 대미 수출이 줄면서 고통을 받을 수 있기 때문이다.

그러나 미국의 생산 기반이 많이 무너진 상황에서 화폐가치 하락이란 요인 하나만으로 오랫동안 경상수지 흑자를 보는 것은 불가능하다. 이에 글로벌 임밸런스가 어느 정도 해소돼 정상 궤도에 올랐다는 판단이 들면 미국은 다시 달러 강세를 유도할 가능성이 크다. 그렇게 하면 달러가치가 회복되면서 기축통화의 지위를 유지할 수 있다. 즉, 미국은 단기적으로 달러가치 약세를 '용인'할 뿐이지 '유도'하는 것은 아니며 장기적으로는 달러가치 제고를 추구하고 있다. 이에 전반적인 달러가치 하락세는 미국 입장에서 해결해야 할 고민거리다.

이를 위해 미국은 장기적으로 달러 발행량을 줄임과 동시에, 기존에 공급한 달러를 흡수하는 등 노력을 통해 달러 유통량을 제한할 전망이다. 달러가치를 어느 선에서 유지하려는 노력이다. 그래야 세계 각국이 미국 국채를 계속 매입하게 할 수 있다. 여기에 미국은 각종 보호조치를 병행할 것으로 보인다. 그래야 달러가치를 올리면서도 지속적으로 경상수지 적자폭을 줄이고 나아가 흑자를 유도할 수 있다. 이는 전 세계에 풀린 달러 공급량을 줄이는 데도 도움이 된다.

'출구전략'은 이 같은 흐름을 앞당길 전망이다. 출구전략은 경제위기 기간 펼쳤던 각종 임시정책을 중단하고 정상적인 상태로 돌아가는 상황을 의미한다. 앞으로 미국이 출구전략을 실시해 위기 기간 풀었던 달러를 흡수하면 달러가치는 다시 강세로 돌아설 전망이다.

일부 전문가들은 이러한 전략이 힘을 발휘하면 달러가 예전의 위상을 찾을 것으로 보고 있다. 아직 미국을 대체할 슈퍼 파워가 뚜렷이 부상하지 않고 있는데다 미국 경제의 저력이 워낙 크기 때문이다. 이에 미국의 통화인 달러도 그 힘을 찾을 것이라 보고 있다.

하지만 글로벌 금융위기의 상처가 워낙 큰데다 실업률이 고공행진을 지속하는 등 경제가 특별히 나아질 기미를 보이지 않고 있어 달러가 계속 힘을 잃어갈 것이란 전망도 많다.

아시아의 변화

이 같은 비관적인 전망에 따라 많은 나라들은 달러 보유를 지속적으로 줄여 나가고 있다. 대신 유로화나 엔화 등 여타 통화 보유를 늘리고 있다. 금에 대한 관심도 늘고 있다. 가장 적극적인 움직임을 보이는 곳은 아시아 국가들이다. 2006년 기준 외환보유고 순위에서 상위 10개국 가운데 8개국을 아시아 국가들이 차지할 만큼 아시아 각국은 엄청난 양의 외환을 보유하고 있다. 10위권 내 비 아시아 국가로는 러시아와 멕시코가 유이하다.

과거 아시아 국가들의 외환 운용은 달러, 그중에서도 미국 국채에 집중됐다. 중국의 경우 4,000억 달러 이상 미국 국채를 보유하고 있다. 이는 전체 발행량의 10분의 1에 해당한다.

하지만 최근 들어 이러한 흐름에 변화가 오고 있다. 우선 일본의 경우 2006년 기준 2005년과 비교해 외환보유액이 5.2% 증가했지만 미국 국채 보유량은 5.1% 감소했다. 홍콩과 싱가포르는 이미 오래전부터 미국 국채보다는 해외 증시나 부동산에 투자해 왔고 한국 역시 투자공사(KIC) 설립 등을 통해 이 대열에 뛰어들고 있다.

이 같은 양상에서 가장 눈에 띄는 곳은 세계 최대 외환보유국 중국이다. 중국은 미국 국채 보유를 지속적으로 줄여 나가면서 '국부펀드'의 이름으로 해외 주식, 부동산 등 수익성 자산으로 관심을 돌리고 있다. 중국은 갈수록 가치가 떨어지는 달러 보유를 줄이고 유로화와 함께 엔화 등 아시아통화의 보유 비중을 늘리고 있다. 여기에는 외환보유고 운용의 다변화와 더불어 아시아 통화에 대한 중국의 영향력 확대 의도가 들어 있는 것으로 풀이된다.

이러한 전략에 따라 개도국의 외환보유고 가운데 달러

화 비중은 97년 72%에서 지난해 60%로 하락한 반면, 전 세계 외환보유고에서 유로화가 차지하는 비중은 99년 17.9%에서 2006년 25.2%로 올라섰다.

물론 이 같은 추세가 폭발적으로 전개되기는 어렵다. 중국은 이미 너무 많은 달러 자산을 갖고 있어 달러가치 하락은 스스로 발목을 잡는 일이 될 수 있기 때문이다. 여기에 그리스 등 EU 국가들의 재정위기로 인해 최근 유로화의 지위가 흔들리면서 무작정 유로로 대체하기도 어렵게 됐다. 이에 따라 미국은 겉으로 큰 우려는 하지 않고 있다. 오히려 중국을 상대로 강한 압박에 나서고 있다.

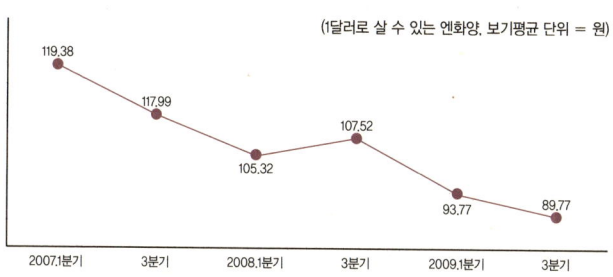

[그림7-1] **추락하는 달러화가치**
　＊자료 : 한국은행

미국이 위완화절상을
부르짖는 이유는

 미국의 중국에 대한 압박은 위완화절상의 형태로 나타나고 있다. 미국은 이를 통해 당면한 위기에서 벗어나려 힘쓰고 있다. 중국에 대한 위완화절상 압박이 나오는 근본 원인은 중국이 시장 개입을 통해 미국 달러에 자국 위안화가치를 맞추고 있는 데 있다.

갈수록 거세지는 미국의 공세

 중국은 미국과의 무역에서 지속적인 흑자를 보고 있다. 정상적인 경제라면 달러가 대량 유입되면서 중국 내 달러가치는 떨어지고 위안화가치는 올라야 한다. 하지만 중국 정부는 지속적으로 자국 내 달러를 매입하는 등 강력한 시장 개입을 통해 위안화가치 절상을 인위적으로 막고 있다.

이 과정에서 중국의 외환보유고는 2조 달러를 넘어섰다. 이에 진정한 달러 공장은 미국이 아닌 중국이라는 얘기까지 나오고 있다. 중국이 마음만 먹으면 보유한 달러를 전 세계에 풀어 달러가치를 떨어트리면서 여기에 연동된 위안화가치를 더욱 떨어트릴 수도 있다.

이처럼 위안화가치가 달러가치에 맞춰 인위적으로 낮게 유지되면서, 미국은 중국과 무역에서 지속적으로 적자를 보고 있다는 판단을 하고 있다. 중국이 흑자를 보는 과정에서 위안화가치가 올라가고 상대적으로 달러가치가 떨어지면, 미국의 중국을 상대로 한 수출은 늘고 수입은 줄어 경상수지 적자폭을 줄일 수 있다. 하지만 그렇지 못하면서 미국의 불만은 극에 달해 있다.

미국은 이러한 불만을 실행에 옮기고 있다. 오바마 대통령이 직접 나서서 위안화가치 절상을 요구하고 있는 것이다. 이는 수입을 줄이는 대신 수출을 늘리기 위한 대표적인 보호주의 조치다.

위안화가치 절상은 미국 입장에서 달러가치를 일정 수

준으로 유지하면서 경상수지 적자폭을 줄일 수 있는, 두 마리 토끼를 잡는 정책이다. 미국이 중국과 무역 적자를 벌충하기 위해서는 달러가치를 추가로 끌어내려 중국을 제외한 다른 나라와 무역에서 흑자를 내야 한다. 이는 달러가치 약세로 고민하고 있는 미국에 큰 부담이다. 하지만 달러가치를 일정 수준으로 유지하면서 위안화가치만 올라가면 중국과 무역적자 폭을 줄일 수 있다. 즉, 위안화가치 절상은 말 그대로 위안화가치가 올라가는 것이지 달러가치가 떨어지는 것은 아니다. 달러가치가 위안화와 비교해 상대적으로 떨어지겠지만 이는 위안화가치가 올라감으로써 생기는 결과일 뿐이며, 위안화를 제외한 다른 통화와 비교해서는 달러가치가 떨어지지 않는다.

특히 앞으로 미국 경제 회복에 따라 달러가치가 올라가더라도 그 이상 위안화가치가 지속적으로 올라가면 무역수지는 계속 안정될 수 있다. 기축통화 지위를 유지하기 위해 달러가치를 올리면서도 중국과 무역에서 적자는 줄어드는 이중의 효과가 가능한 것이다.

이 같은 위안화절상은 미국을 제외한 다른 나라들이 바라는 바이기도 하다. 중국의 경쟁력이 전반적으로 위축되면서 중국과의 경쟁에서 우위를 점할 수 있기 때문이다. 특히 중국이 위안화가치를 지속적으로 낮게 유지하면서 간접적으로 피해를 보고 있는 개발도상국의 이익이 확대될 가능성이 크다. 수출 경기에서 중국만 호황을 누리고 다른 나라는 침체되는 상황이 개선될 수 있는 것이다.

이에 따라 미국은 세계경제 회복이란 대의를 강조하면서 중국에 지속적으로 위안화절상 압박을 넣고 있다. 나아가 중국이 진정한 변동환율제도를 도입해야 한다는 주장까지 하고 있다. 이렇게 되면 시장 상황에 따라 위안화는 내재 가치에 걸맞게 오를 수 있다.

이러한 공세는 금융위기를 거치면서 더욱 거세지고 있다. 오바마 대통령은 IMF(국제통화기금), 세계은행 등 국제기구까지 동원해 공개적으로 절상 압력을 넣고 있다. 이러한 추세에 맞춰 미국 의회는 위안화절상과 중국의 환율개혁 촉구를 위해 환율개혁법안을 상정했으며, IMF는 환율 감독규정 개정조치를 내놓기도 했다. 개정조치는 중국을 겨냥해 외부 불안정을 일으킬 수 있는 환율정책을 피해야 한다는 규정을 담고 있다.

물론 이에 대해 미국 내 모든 목소리가 동의하는 것은 아니다. 특히 위안화가 절상돼 중국으로부터 수입이 줄어

들어도 큰 변화가 없을 것이란 반론이 많다. 위안화절상으로 중국산 섬유 수입이 준다고 해도 미국이 섬유를 직접 생산하지는 못한다. 어차피 미국은 이미 섬유를 생산해 수지타산을 맞출 수 없을 정도로 경제가 성숙했기 때문이다. 따라서 위안화절상으로 중국산 섬유 수입이 줄면 자체 섬유 산업이 활성화되는 것이 아니라 중국이 아닌 다른 나라로부터 섬유 수입이 늘 가능성이 크다. 변화가 없는 것이다. 이보다는 차라리 값싼 중국으로부터 최대한 많은 섬유를 수입해 오는 것이 낫다. 이런 점을 근거로 위완화절상이 별 효과가 없을 것이란 주장도 있다.

중국의 저항

이러한 논란에 대해 중국 정부의 태도는 무척 미온적이다. "환율 개혁과 위안화절상은 주권과 관련된 문제이며 국내외 경제가 감내할 수 있는 범위 내에서 점진적으로 이뤄져야 한다."라는 대원칙을 거듭 천명하고 있는 것이다.

인민은행은 또 "환율조정은 대외 불균형을 조정하는 유일한 정책도구가 아니며 큰 폭의 조정은 불안정을 더욱 심화시킨다."라는 공식 입장을 내놓기도 했다.

다만 중국은 압박을 의식해 관심은 갖고 있다는 제스처를 취하며 어느 정도 성의는 보이고 있다. 최근 관리변동환율제도로 선회한 것이 대표적이다. 하지만 당분간 큰 변화는 없을 전망이다. "환율 결정 메커니즘의 유연성이 확대되겠지만 위안화절상속도가 더 빨라지진 않을 것"이란 우샤오잉 인민은행 부총재의 언급이 이를 대변한다.

결국 급한 쪽은 막대한 경상수지 적자를 내고 있는 미국이며, 중국은 급할 것이 없다. 오히려 위안화가치가 평가절상되면 수출이 감소할 것이 뻔하니 버틸 수 있을 때까지는 버텨 보자는 것이 중국 정부의 속내다. 이에 자국 경제에 이상이 없는 한 중국은 의미있는 수준의 위안화절상을 가능한 한 뒤로 미룰 것으로 보인다.

다만 중국 내에도 다른 목소리는 있다. 중국 경제는 현재 심각한 인플레이션에 시달리고 있다. 이러한 인플레이션을 해소하려면 위안화가치를 유지하기 위한 달러 흡수 정책을 중단해야 한다. 그래야 달러가 흡수되면서 위안화가 풀려 물가가 크게 오르는 일을 막을 수 있다. 이를 위해 큰 폭의 위안화절상을 함으로써 달러를 덜 흡수해도 되는 상황으로 이행하자는 주장이 일부 있다. 나아가 변동환율제도를 도입해야 한다는 주장도 나오고 있다. 환율이 시장에서 결정되도록 놔두면 중국은 환율을 안정시키기 위해 막대한 양의 달러를 흡수할 필요가 없다. 물론 환율이 필요 이상 낮아지는 것을 막기 위해 달러를 계속 사들이겠지만 환율을 고정시키기 위해 달러를 사들이는 양보다는 훨씬 적다. 이렇게 되면 달러를 구입하면서 풀리는 위안화 양을 줄일 수 있다.

하지만 이 같은 주장은 일부 목소리에 불과하며 미국의 압박에 저항해야 한다는 주장이 더 많다. 중국은 때로 미국에 역공을 가하기도 한다. 새로운 기축통화를 도입해야 한다는 주장이 대표적이다. 중국은 금융위기의 발원지인 미국이 기축통화인 달러를 무기로 대규모의 경기부양 정책을 실행하고 있는 것에 대해 불만이 많다. 중국이 막대한 달러 자산을 보유하고 있는 상황에서 미국이 달러 발행량을 늘림에 따라 자국이 보유한 자산가치가 떨어지고 있기 때문이다.

이에 따라 중국은 달러가 갖고 있는 기축통화 역할을 IMF의 특별인출권에 넘기자는 주장을 내놓고 있다. IMF는 특정국이 기금을 출자하면 이를 언제든지 찾을 수 있도록 증서를 내주는데, 이것이 특별인출권이다. 이는 액면 금액만큼 돈으로 통용되고 있다. 특별인출권을 달러 대신 기축통화로 사용하면 IMF가 전체 물량을 통제하면서 가치 하락을 막을 수 있어 기축통화의 위기를 방지할 수 있다.

하지만 이는 표면상의 이유일 뿐이고 중국은 이러한 논란을 통해 미국에 공격을 가하면서, 기축통화 경쟁에서 유리한 고지에 올라서려는 이중의 효과를 노리고 있다. 위안화를 기축통화로 끌어올리고 싶지만 자국 내 불투명한 금융환경으로 인해 아직 한계가 많으니 중간에 징검다리를 놓겠다는 것이다. 중국의 강력한 경제력은 이러한 노력을 뒷받침하는 최고의 무기다.

중국의 주장은 제3의 공동통화를 만들어야 한다는 목소리에 힘을 더하고 있다. 이미 많은 나라들이 달러가치 변화에 의한 세계 경제 교란을 제거하기 위해 공동통화가 나와야 한다는 주장을 하고 있다. 공동통화가 출범하면 2008년 금융위기 때처럼 미국 경제에 큰 위기가 올 경우 달러를 통해 전 세계적으로 미국의 위기가 파급되는 일을 막을 수 있다.

물론 미국은 이에 대해 환영하지 않는다. 적극적으로 관련 논의를 막고 있다. 하지만 달러가치가 지속적으로 떨어지고 있는데다 많은 사람들이 달러가 불안하다고 얘기하고 있어 글로벌 통화체계 출범은 불가피할 것이란 의견이 많다.

특히 달러화가 장기적으로 파운드화와 같은 길을 걸을 것이란 경고가 많다. 파운드가 국제위상을 잃을 때 전 세계적으로 혼란이 있었지만 달러가 곧 이 자리를 대체하면서 세계 경제는 다시 안정됐다. 실제 달러가 위상을 잃더라도 잠깐의 혼란은 있겠지만 결국 세계 경제는 제자리를 찾을 것이다.

이에 잠깐의 혼란을 감수하고 달러를 대체할 제3의 통화가 출범해야 한다는 목소리가 많다. 이는 현실적으로 위안화, 엔화, 유로화 등 다른 통화가 현재의 달러를 대체하기는 어렵고, 대체하더라도 달러 이상의 문제를 유발할 수 있으니 새로운 통화를 출범시키자는 주장이기도 하다.

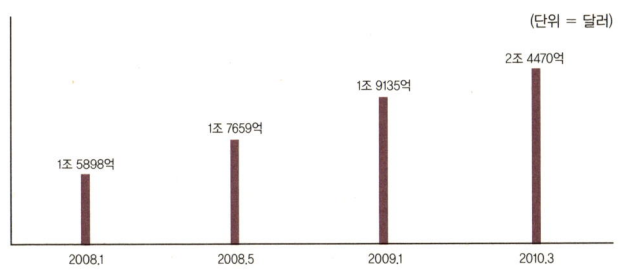

[그림7-2] **중국 외화보유고 추이**
＊자료 : 한국은행

아시아 통화통합과 원화의 미래

 공동통화를 출범시키자는 주장은 아시아에서 가장 활발하다. 이는 경제 규모와 동질성 때문이다. 아시아 경제권은 급성장을 거듭하면서 조만간 미국을 추월할 것으로 예상된다. 여기에 아시아 통화가치는 서로 비슷한 방향으로 움직이고 있으며 경제의 동질성은 심화되고 있다. 이같은 상황에서 같은 통화를 쓰면 달러에 휘둘리는 일을 막을 수 있고 달러 부족에 따른 외화난을 근본적으로 예방할 수 있다.

멀고 먼 아시아 통화통합의 길

그간 아시아 국가들은 달러에 너무 의존해 왔다. 굳이 역내 교역에까지 달러를 쓸 필요가 없음에도 달러만 사용하면서 사실상 달러에 지배돼 왔다. 달러가 큰 규모로 유출입할 때마다 통화가치가 급변하는 등 부작용을 겪기도 했다. 이에 따라 장기적으로 권역 통화의 영향력을 확대해 근본적으로 달러에 대한 의존을 줄일 필요가 있다는 지적이 곳곳에서 제기되고 있다. 여기에는 갈수록 위상이 약화되는 달러화에 더 이상 의존할 필요 없다는 자신감이 묻어 있기도 하다.

아시아의 통화통합 논의는 통화전쟁에 있어 아시아의 공동 대응적 성격을 지니고 있다. 미국이 수시로 중국 등 아시아 각국을 상대로 평가 절상을 요구하는 상황에서 아시아가 공동 통화를 출범시키게 된다면, 통일된 목소리를 냄으로써 미국의 위협에 공동 전선을 펼 수 있다.

하지만 공동 통화가 출범하기까지는 갈 길이 멀다. 아시아 각국의 이해가 다르기 때문이다. 특히 중국과 일본의 파워게임은 해결하기 어렵다. 중국과 일본은 각자 자신의 통화가 공동 통화가 되기를 바라고 있다. 중국은 위안화를, 일본은 엔화를 공동 통화로 쓰자고 주장한다. 이렇게 되면 원화는 더 이상 발행이 중지되며 위안화나 엔화가 한국 내에서 쓰이게 된다. 이러한 주장은 받아들이기 어렵다. 특히 중국이 엔화를, 일본이 위안화를 쓰는 것은 거의 불가능한 일이다. 최근 중국의 지위가 크게 올라가면서 중국 쪽으로 무게의 추가 기울고 있기는 하지만 아직까지 일본이 중국에 휘둘릴 정도는 아니다.

이에 현재 논의를 실현시킬 수 있는 유일한 방법은 원화, 위안화, 엔화 등 주요국 통화를 한데 모은 뒤 이를 아우를 수 있는 새로운 통화를 출범시키는 것이다. 양푼에 각종 재료를 넣고 비벼 비빔밥을 만들어 내는 상황으로 이해하면 된다.

이 결과물을 ACU(아큐)라 한다. 아큐는 'Asian Currency Unit'의 약자다. 이를 출범시키기 위해서는 통합 대상국의 경제·사회적 조건을 어느 정도 일치시켜야 한다. 그렇지 않으면 같은 통화를 쓰는 것은 어렵다.

최근 유럽의 사례는 치밀한 준비 없는 통합은 큰 문제를 야기할 수 있음을 보여 준다. 유럽은 16개국이 모여 단일 통화 유로를 출범시킨 뒤 줄곧 흔들림 없는 지위를 유지해 왔다. 특히 달러가 지속적인 약세를 보이면서 유로는 전 세계에서 가장 강한 통화의 자리를 지켜 왔다.

이는 글로벌 금융위기 기간에도 큰 변함이 없었다.

그런데 최근 유로의 가치는 크게 떨어지고 있다. 소속국들의 잇따른 재정위기 때문이다. 이른바 PIGS라 불리는 포르투갈, 이탈리아, 그리스, 스페인의 재정위기가 대표적이다. 이뿐 아니다. 아이슬란드와 아일랜드가 금융위기 초반부터 위기를 겪었고, EU 소속 국가는 아니지만 영국마저 심각한 재정난에 휩싸이고 있다.

이 가운데 가장 사정이 안 좋은 곳은 그리스다. 그리스는 재정난으로도 모자라 외국인 투자자들의 잇따른 이탈로 외화난까지 겪고 있다. 이에 1997년 한국이 그랬던 것처럼 거대 규모의 구제금융까지 받았다.

상황이 이렇게 되자 유로의 지위는 크게 흔들리고 있다. 유로를 사용하는 그리스가 위기를 겪으면서 유로에 대한 신뢰성까지 흔들리고 있는 것이다. 이는 유로 출범 전 각국이 갖고 있던 재정 문제를 충분히 정리하지 못한 탓이 크다. 이러한 위험요인이 평시에는 잠재해 있다가 위기를 계기로 불거지면서 유로의 위기로 이어지고 있다.

이에 따라 유럽은 최근 통화전쟁에서 가장 열세를 보이고 있다. 이러한 상황이 지속되면 유로의 가치는 땅으로 추락할 수 있다. 유럽 전체가 아닌 일부 소속국이 위기를 겪을 뿐인데 전체 통화가치가 위협받는 것이다. 이에 독일 총리가 그리스를 상대로 EU에서 탈퇴해야 한다는 주장을 하는 등 잡음이 그치지 않고 있다. 앞으로 유로가 그 가치를 유지하기 위해서는 그리스에 대한 추가 재정지원을 통해 경제를 정상궤도로 올려놓아야 할 전망이다. 이 같은 유로의 사례는 한국을 비롯한 아시아 국가들이 통화통합에 대해 신중하게 접근해야 한다는 점을 시사한다.

일본, 미국 국채 매입 재개하나

이 같은 상황에서 일본은 조금 다른 길을 걸을 가능성이 있다. 앞으로 아시아 통화의 헤게모니가 중국으로 넘어갈 것을 우려해 미국 달러화가치를 높이는 쪽으로 방향을 잡는 것이다. 주도권을 쥘 수 없다면 현상을 유지하자는 전략이다. 이는 구체적으로 일본의 미국 국채 대량 매입으로 발현될 가능성이 크다.

일본은 최근 수출경기 악화로 크게 고전하고 있다. 이는 엔고 영향이 크다. 1달러당 엔화가치는 최근 들어 80엔대와 90엔대를 오가고 있다. 미국발 서브프라임 사태가 불거지기 시작한 2007년 5월 120엔을 넘어섰던 것과 비교하면 25% 이상 절상됐다.

이에 따라 일본 정부가 손을 놓고 있지 않을 것이란 전망이 나오고 있다. 역사적으로 일본은 환율 관리에 수차례 나선 전력이 있다. 대표적인 사례가 2004년이다. 2002년 초 세계경기 호황에 편승해 긴 불황의 터널을 빠져나오기 시작한 일본은 2003년 말 이후 큰 난관에 부닥친다. 장기간 경상흑자가 누적되면서 엔화가치가 급등한 것이다. 2002년 초 시장 개입으로 한때 1달러당 133.9엔까지 떨어졌던 엔화가치는 2004년 초 105엔까지 올라 두 자릿수를 위협했다. 그러자 일본 정부는 2004년 초 한꺼번에 15조 엔을 투입해 달러를 사들이는 시장개입을 실시했다. 시장에 남아도는 달러를 흡수해 달러가치를 올리겠다는 전략이다. 일본 정부가 2003년 내내 투입한 돈이 22조 엔임을 감안하면 15조 엔은 막대한 규모다. 이러한 시장 개입으로 엔화가치는 결국 서서히 약세로 돌아선 바 있다.

일본 정부는 이렇게 엔화를 풀어 사들인 달러를 미국 국채 매입에 사용해 왔다. 일본 정부가 본격적인 수출 드라이브를 건 2002년부터 2004년까지 직접 사들인 미국 국채는 3,800억 달러에 달했다. 당시 이 전략은 어느 정도 성공해 2007년 초를 제외하면 지속적으로 110엔대에서 엔화가치가 안정적으로 유지됐다.

이 같은 경험이 있는 일본은 또다시 같은 전략을 구사할 가능성이 있다. 특히 이는 미국 정부에 큰 도움이 된다는 측면에서 미국 정부가 요청해 올 가능성도 점쳐진다. 실제 위기 해결을 위해 막대한 재정을 필요로 하는 미국 정부 입장에서는 일본이라는 큰손이 다시 한 번 대량 매입을 해 줄 것을 바라지 않을 수 없다. 이는 단기적으로 달러 약세를 용인하려는 미국 입장에서 부담이 될 수 있지만 돈이 들어오는 자체는 반가운 일이 분명하다.

이에 대해 일본은 적극적인 검토를 할 전망이다. 미국에 지나치게 의존적인 경제 구조 하에서 미국의 눈치를 보지 않을 수 없기 때문이다. 아시아보다는 미국에 먹을 것이 많아 아시아 나라들보다는 미국과 협력을 보다 강화할 것이란 전망도 있다.

문제는 시기다. 일본 정부가 대량매입을 했던 2004년 초는 전 저점 대비 엔화가치가 22% 절상된 시점이었다. 현재 엔화가치가 2007년 기록한 저점 대비 25% 이상 절상돼 있는 점을 감안하면 당장 개입도 가능하다. 여기에 수출 경기가 2004년 초보다 나쁜 상황임을 감안하면 충분히 이른 개입이 가능하다.

하지만 이에 대해 부정적인 시각도 많다. 아사다 히데카츠 일본 내각부 참사관은 "그동안 미국에 대한 의존도가 너무 커 곤란한 상황"이라며 "미국에 대한 의존도를 줄이고 당분간 내수 확충으로 위기를 대처해 나간다는 것이 기본적인 방향"이라고 말한 바 있다. 엔저를 통한 수출 진작보다는 내수 확충에 더 신경 쓰겠다는 설명이다. 그러나 경기 회복을 앞당기기 위해 일본이 다시 한번 미국채 대량 매입에 나설 가능성을 배제할 수는 없다.

앞으로 원화의 향방은?

앞으로 통화전쟁 결과에 따라 한국 외환시장, 나아가 한국 경제는 큰 영향을 받을 전망이다. 우선 위안화 움직임에 따라 많은 변화가 올 수 있다. 앞으로 위안화가 어떻게든 본격 절상될 것이란 예상이 많다. 미국의 압박이 거센데다 인플레이션 압력이 커지고 있기 때문이다. 이에 따라 위안화가치가 절상되면 중국에 진출해 있는 한국 기업들은 일시적으로 타격을 입을 것으로 보인다. 위안화를 기반으로 생산 활동을 하고 있어 위안화가치가 오르면 수출에 악영향을 받기 때문이다.

원화가치의 경우 위안화 상승 영향을 받아 동반 절상될 가능성이 크다. 위안화가치가 오르면 중국 수출이 줄면서 한국 수출이 일시적으로 증가할 수 있다. 이렇게 되면 한국 내로 달러가 보다 많이 유입되면서 원화가치는 오르게 된다. 이후에는 다시 수출이 일부 줄게 된다. 결국 수출이 늘었다 다시 감소할 가능성이 있다. 하지만 전반적으로 한국 경제에 이익이 될 전망이다. 원화가치가 오르더라도 위안화가치 절상폭에는 못 미치고, 이에 따라 세계 시장에서 중국과 경쟁이나 대중 무역에서 유리한 위치를 점할 수 있기 때문이다. 즉, 환율 하락으로 유발되는 수출 감소폭은 위안화가치 상승에 따른 수출 증가폭에 못 미칠 전망이다.

이러한 상황에서 미국 정부는 아시아 통화가치의 전반적인 절상을 원하고 있다. 그래야 심각한 무역 적자를 보고 있는 아시아에 대한 수출을 늘릴 수 있기 때문이다. 2006년 기준 8,155억 달러까지 치솟은 경상수지 적자폭을 줄이기 위해서는 아시아 통화가치가 더 절상돼야 한다는 게 미국의 입장이다. 그 대상에는 한국도 포함돼 있다. 이는 달러가치 자체를 낮추지 않으면서 아시아 통화가치만 끌어올려 경상수지 균형을 도모하려는 전략이다.

이 같은 움직임에 따라 원화 강세는 당분간 지속될 것으로 보인다. 이는 수출기업들에게 불리한 상황이다. 하지만 장기적으로 달러가치가 다시 강세를 띨 가능성이 높다. 미국 달러화가 현재는 가치가 낮게 평가되고 있지만 그들이 보유한 기술, 자원, 잠재력 등을 고려하면 다시 경제가 좋아질 것은 분명하고 이에 따라 달러가치는 다시 올라갈 것이 분명하다. (물론 앞서 소개했듯 이에 대한 반론도 많다.) 이러한 움직임은 지금부터 감지되고 있다.

이렇게 되면 상대적으로 원화가치가 내려가면서 수출이 증가하는 효과를 기대해 볼 수 있다. 이 과정에서 위안화가치는 달러화와 비교해 상대적으로 다시 떨어질 수 있다. 중국이 계속 시장 개입을 유지할 경우 달러화가치에 위안화가치가 거의 고정되면서 달러가치가 오르는 만큼 위안화가치도 오르지만, 완전한 고정은 아니기에 오름폭은 달러에 미치지 못하고 달러와 위안화가치의 상대적인 격차가 생길 수 있기 때문이다. 이 경우 원화가치는 달러와 비교하건 위안화와 비교하건 가치가 떨어질 개연성이 크다. 결국 원화가치는 단기적으로 오름세를 보이겠지만 장기적으로는 하락할 가능성이 큰 것으로 해석된다. 이에 대한 면밀한 준비가 필요한 때다.

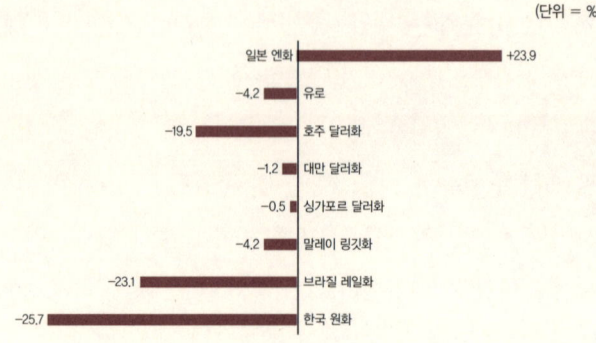

[그림7-3] **금융위기 기간(2008년) 주요 통화의 달러 대비 통화가치 변동률**
*자료 : 국제금융센터

환율 지식 7일 만에 끝내기

펴낸날	초판 1쇄 2010년 7월 7일
	초판 2쇄 2011년 4월 20일

지은이 **박유연**
펴낸이 **심만수**
펴낸곳 **(주)살림출판사**
출판등록 1989년 11월 1일 제9-210호

경기도 파주시 교하읍 문발리 파주출판도시 522-1
전화 031)955-1350   팩스 031)955-1355
기획·편집 031)955-1372
http://www.sallimbooks.com
book@sallimbooks.com

ISBN 978-89-522-1435-5   13320

※ 값은 뒤표지에 있습니다.
※ 잘못 만들어진 책은 구입하신 서점에서 바꾸어 드립니다.